U0070148

檢驗公共知識分子

蕭新煌教授時論集：
政局・兩岸・新南向

蕭新煌 著

各界人士對檢驗公共知識分子的回饋

邱太三：反統一，就是維持現狀

張瑞昌：台灣模式是自由民主的體制

沈伯洋：要小心三人成虎，無意中被操控事實認知

蔡易餘：相信人民力量，戰勝獨裁者

梁永煌：善盡知識分子的言責，不改本色立場，難應可貴！

鄭文燦：桃園客家人口最多，擔任「世界客家博覽會」主辦城市

周江杰：客家人勤儉不浪費的特性，就是永續的概念

賴秀如：印尼經濟崛起，新南向抓住東南亞經濟起飛的脈動

黃崇真：東南亞保留非常多的台灣殯葬文化

彭俊豪：多聽聽客家人的想法與建議

第一章 評論政局

第二章 解析兩岸

第三章 倡議新南向

不改本色立場，難能可貴！

　　閱讀了蕭老師的時評文章，對於 1970 年代讀大學，87 年開始擔任財經記者的我，非常有共鳴，也感觸良多！

　　「評論政局」系列文章，讓我想起大學時期讀過的「不完美的社會」（吉拉斯著）一書。一個民主、法治、美好的社會，不是一蹴可幾，是要與時俱進，不斷的調整、精進的，不當黨產、二次民主改革、年金改革、18 歲公民權等主題都是。

　　這些改革是社會要往前走，必須要做的事情，但一定有反對的力量或群眾，其中公教年金改革可說是阻力最大的。《今周刊》曾經針對公教及勞保年金改革做過許多報導，明確指出，這兩者的問題都是歷史的產物，當年立法有其時空環境，但既然事過境遷，又有違世代正義，且破產在即，政府及社會就不得不檢討、面對。改革雖然有理，當反對的聲浪高漲時，廣大群眾是沉默的，連相關學者也噤聲者眾。在這種氛圍下，正突顯了蕭老師的敢於出聲。

　　「善盡知識分子的言責」，是我大學及初入社會時期，讀書人對自我的期許，曾幾何時，這樣的學者愈來愈少。我的一些朋友對許多議題或事情有許多意見，當他高談闊論後，做為一個新

聞工作者總會忍不住要問：請形諸文字，好嗎？可能是不願得罪人或表達立場，得到的答案通常是否定的。相對之下，蕭老師這麼多年來，「依然故我」、不改本色的堅持，實屬難得！

蕭老師的文章，除了針貶時事，不少文章也非常有前瞻性，茲舉二個我印象深刻的例子：

第一、是蕭老師 2016 年在「李登輝對第二次民主改革的期待」一文中，就提出「政府要著手有必要的修憲（如降低 18 歲投票權）準備」，是少數及早發現台灣 20 歲投票權不合時合宜的學者。遺憾的是，政府並未有所回應，以致 2022 年 11 月的 18 歲投票權複決案未能通過，讓台灣繼續是 76 個民主國家中，唯一要 20 歲才有投票權的國家，實在無言！

第二、是 2016 年蕭老師在「新南向政策的『要』與『不要』」一文中提出，「要將東南亞的統籌中心政策提高到國安會秘書長……諸如移民署、內政部、勞動部都應整合在其中。」證諸台灣近年勞動人口的短缺，當時的建言非常有遠見。

蕭老師不只積極表達意見，提出建言，他的序言結語：「我歡迎讀者朋友們，就以這本我最新的時論集子，來檢驗我的思想、立場和判斷」，所表現的開放態度，正是其一貫的本色，值得學習。

今周刊發行人　梁永煌

公共知識分子現身說法，
刺激閱聽眾反饋

　　2014 年 11 月 29 日九合一大選選舉揭曉，朝野政黨在當次地方版圖的競爭中出現劇烈變動的消長，扣除 3 位無黨籍縣市長當選人，民進黨由原本的 6 席大幅爬升到 13 席，國民黨則由 15 席跌落為 6 席，藍綠翻盤。

　　那年選舉，既是國民黨籍總統馬英九任期內的「期中考」，又距離其 2016 年 5 月卸任僅餘一年多時間，也被視為是總統大選前哨戰，因此在政治觀察上格外值得探究。如何解讀台灣民眾透過投票傳遞出的意義？於是在選後第二天，我專程跑到中央研究院社會學研究所去拜訪蕭新煌所長，希望蒐集有別於政界「通說」的多元視角。

　　那天，蕭老師下了一個結論，他非常直率地認為：「這次選舉反映的是民心思變，是一次寧靜革命。」他的觀察其實也在預測 2016 年可能的趨勢，事後證明政黨輪替確實在台灣第三次發生。

　　也就在那天，我同時為「自由共和國」論壇版向蕭老師邀稿，懇請他將寶貴的思考與文字，交給《自由時報》，以饗廣大的讀

者，蕭老師當即慨然應允。由這個機緣起始，一下子九個年頭過去，不只累積出沉甸甸的閱讀收穫，而今得知蕭老師要把這些評政論策的結晶整理成書，曾經做為催稿人與閱聽眾的雙重牽連，當然有著更為特殊的雀躍。

以台灣的「政局」為主體，「兩岸」與「新南向」，可以說是兩條發展的路徑，一條是東西向，一條是南北向，交織出我們這個海洋國家在 400 年間不同歷史階段追求生存與繁榮一再反覆的過程。二者都不是新鮮的選項，但是受到外在環境這個重大變項的影響，卻屢屢形成競合關係，例如 1990 年開始，中國從經濟蔓延到政治的「磁吸效應」持續發威，導致往西行的人流暢旺，在馬英九政府達到巔峰，「南向」難成顯學。

然 2016 年開始，習近平政權以政治指導市場機能的手段愈演愈烈，以及美中「交往政策」結束，代之以「戰略競爭」開啟，台商主動分散經營風險，加以蔡英文政府的政策引導，「新南向」才得以積極復興，嶄露有一天能與「兩岸」再平衡的曙光。這不應該是正常的現象，也凸顯出台灣致力國家發展時，始終伴隨的特殊挑戰。

這是一本輕鬆易讀的書，字裡行間，彷彿就是蕭老師當面現身說法、娓娓道來，與其說作者是在輸出觀點，不如說他在刺激讀者進行更大的反饋，因此是非常愉悅的閱讀經驗。

自由時報總編輯　鄒景雯　2023 年 4 月

梅干扣肉佐紅玉，當代混搭台灣味

閱讀蕭新煌老師近作，彷彿吃了一頓色香味俱全又兼顧營養的大餐。雖說是近作，其實也是隔了 17 年之久才端出來的國宴級知識饗宴。一篇篇文章就像是一道道美食端出來，不論是議論政局或評議兩岸關係，都沿襲了蕭老師 40 多年來禁得起檢驗的知識分子風骨和品味，但讀者要一路讀到最後「新南向」的部分，才會發現國宴壓軸主菜原來是「梅干扣肉佐紅玉」（台茶 18 號）──既當代又混搭的台灣味！「新南向」部分篇幅雖然不到全書的四分之一，卻具體而微地體現蕭老師作為台灣公共知識分子典範的重要角色。

1979 年學成歸國，年輕的蕭新煌教授遇上百年一遇的台灣社會大轉型，他的研究正好為當代社會變遷做出最及時的詮釋。平面媒體非常喜歡他，因為他評論時事單刀直入，下筆行雲流手不掉書袋，文稿也從不推托延宕，更不避諱明確表態。電子媒體也很喜歡訪問蕭老師，因為他不僅外型出眾、口齒清晰，而且一開

口就是金句，完全沒有贅字，剪輯起來輕鬆容易又有助於拉升收視率。

但他不只是個媒體寵兒，更是個不斷吸收新知，拉拔青年學子的好老師。即使他的許多學生都已經成為各大專院校知名教授，他至今仍然孜孜矻矻，精神奕奕地站在學術研究的第一線。他有各式各樣的頭銜，但我想他很樂於大家稱呼他：蕭老師。

從當年的威權社會到今天的民主鞏固時期，幾乎每個重要的時刻都有他的身影；他的研究範圍也從早期的發展社會學到環境社會學、拓展到各種社會運動、民間團體與公民社會發展、客家與東南亞社會分析、國內外人權觀察，可說是博學又精通。

但他總不忘記自己是個社會學家，對時局所提出來的問題意識也不忘多元切入，而不是頭痛醫頭，腳痛醫腳。如果把這本評論集當作一場知識的饗宴，當我讀到最後一章節的時候，就聯想到梅干扣肉。儘管芥菜可以做成酸菜和福菜，但總需要一定的歲月風霜，加上擠壓綑綁，才能成為梅干菜，才能搭配上等的五花肉做成客家佳餚。

可以說，藉由幾十年來關注台灣政局和關心台海局勢的功力，這位出生在台北的客家學者才會對「新南向」政策傾注這麼大心力，更苦口婆心又暢快淋漓地提出「新南向政策的『要』與『不要』」。

畢竟當他把李登輝在 1994 年提出的南向政策一路觀察，一路分析到 2016 年蔡英文上任之後，為她提出 3.0 版的南向政策新建

言，本書一系列文章都是具有戰略高度的全方位台灣對外關係新解方，和美國所提出的印太戰略如出一轍。就這一點來說，他不僅是蔡英文的國師，也是李登輝的知音和新時代的預言者。

　　而他在玉山論壇等重要場域，特別強調台灣新南向的暖實力，就像是溫潤的紅玉紅茶，讓戰略分析和政策建言多了社會學家的溫度。紅玉紅茶是台灣野生山茶和緬甸大葉種紅茶共同培育出來的台茶 18 號，紅玉的色澤和香味，正是當代台灣獨特混搭的好滋味，搭配客家大菜，正好！

中央廣播電台董事長　賴秀如

檢驗公共知識分子

　　距我上一本政論集子《蕭新煌的台灣觀察筆記》已有 17 年之久，觀察筆記在 2005 年出版，對於 2000 年第一次政黨輪替此一重大政治變革及其之後的台灣國內外政局，我有很多話要說，因此寫了不少文章，也陸續出版了三本雜文。

　　現在回想起來，2005 年迄今，我其實也寫了不少時論文章見報，目睹和見證了台灣經歷前後三次政黨輪替所出現的良善與醜陋。筆下也不時呈現我做為一個公共知識分子對時局的興奮、喜悅、不滿和擔憂。

　　我自認是一位不怕對政局發展表露個人好惡情緒的學者；我認為這不是情感用事，而是願就事論事應有的負責任態度。下筆的輕重、文字的褒貶，其實都是在表達我評論時事的立場。

　　這本書以「政局、兩岸、新南向」為副標。顧名思義，所收錄的 58 篇文章就是分別在評論政局、解析兩岸和倡議新南向。所有的文章都曾在《民報》的專欄版和《自由時報》的〈自由共和國〉版發表過，文章發表前後的時間大概都在過去 10 年之內，尤其集中在過去七年；亦即台灣的第三次政黨輪替（2016 年）之後。

台灣在本書出版前夕，我再次重新翻閱這三篇共 58 篇文章的內容，發現有諸多我寫過的觀察、分析和論述，至今仍然有它的時效和意義。

　　在台灣政局的觀察裡，我長期以來就不認為國民黨有所謂真正的本土改革派。雖然在李登輝掌權年代，國民黨內部的一些本土派曾經有出現過改革契機，但終而禁不起權力的誘惑，走上腐化而敗。

　　我因此論斷，國民黨內的本土派恐怕只是奪權的「台灣派系」，而非改革的力量。在「後李登輝時代」的國民黨，更讓人目睹台灣本土派系，不但沒能認同台灣主權，經營台灣前途，反而與外省統派抗瀣一氣，反本土棄自主而沾上中共同路人的氣味。

　　我對李登輝、陳水扁和蔡英文三位總統的歷史定位，也有心去探討。我的觀察是，李登輝的歷史定位是建構民主體制，陳水扁的歷史定位是打造新國家認同，至於蔡英文總統則是落實轉型正義。鑑諸過去這幾年小英總統的施政努力，我過去的預言算是沒說錯。

　　在兩岸關係的分析上，我一直對國內統派和國際鴿派老是說不要去踩中國的底線很不為然。我也反對台灣必須遵循中國的遊戲規則去處理兩岸關係。我一向主張台灣要光明正大地提出台灣的底線，譬如：

　　台灣（中華民國）和中國（中華人民共和國）互不代表，互不隸屬；

　　台灣前途由台灣 2400 萬人民決定；

　　台灣民主不容被打折、被犧牲；

　　維持現狀就是不接受統一為唯一選項的「一中」、「一國」架構；

兩岸未來關係的對話，必須在民主、對等、安全、透明四原則之下進行。

　　我也一向認為，目前兩岸情勢下只有「反統一」才能維持現狀；也只有「反統戰」才能有國家安全。我深以為，雖然曾有「九二」會談，但毫無「共識」；兩岸既非「一國」，又何來「兩制」？

　　在近十年習近平專制獨裁統治中國以來，台灣與中國之間的和平假象（如國民黨所主張的一中各表騙術）早已拆穿，台灣唯一該做的就剩下堅強地保護自己的主權和民主生活方式，別無他途。

　　在論述新南向的思考上，我在過去 6 年裡花了不少功夫去協助倡議小英政府所主導的新亞洲策略：新南向政策。我主張要全方位建構台灣與東南亞和南亞各國的新關係，要深化台灣與上述亞洲各國在國會、學術、智庫、宗教、青年、勞工、城市、文化藝術、公民社會 NGO、環境、人權各領域的雙邊關係。

　　由於台灣的特殊國際政治處境，新南向政策等很難直接透過元首外交來主導，所以公民社會就成為關鍵的另一支力量。也因此，新南向必須在官民夥伴關係下才能竟其功。其中，台灣亞洲交流基金會自 2018 年成立以來，所做的努力，就是一個活生生的實例。

　　我一直認為，稱職的公共知識分子，要有成熟的思想，要有堅定的立場，更要有正確的判斷。我歡迎讀者朋友們，就以這本我最新的時論集子，來檢驗我的思想、立場和判斷。

第　一　章

評論政局

01 台灣政治難題答客問，善盡公共知識分子責任

2015/6/29

　　我日前應邀到瑞士的蘇黎世大學參加一項以「台灣與香港公民社會的回顧與擴展」為題的研討會。在會中和會外，與會不少國際學者對台灣的民主政治、族群、政黨以及台、中關係也都有熱烈的討論。

　　面對這些其實已經算得上是「台灣通」的國際友好學者朋友所提出的種種「難題」，我都以我的觀察盡量據實坦誠回應，以增加他們對台灣政治的第一手了解。回來以後，我想還是有必要整理出來，羅列如下，以饗讀者同好。

太陽花功過？

　　問題一：318 太陽花運動占領國會，這種激烈抗爭在西方民主國家是不可想像的事。這並非民主之福，會不會導致對台灣正常民主機制的運作，而變成政治動亂？

　　我說，318 公民運動之所以發生，是因為國民黨控制的國會代議民主機制失靈亂法在先，因此占領國會是果，不是因，而且是不得已的「公民不服從」之實踐。占領國會正凸顯國會民主程序功能淪喪，占領它，是搶救它。我想沒有任何公民包括年輕公民在內，會輕易毫無政治正當性地去占領國會。

再說，318 運動的直接影響有二，一是促成下一波更多公民社會組織的動員，讓台灣的民間力量更積極投入「救新生民主」和「抗中國併吞」的兩大目標；二是啟動新一波的憲政改革訴求和運動，也逼使兩大主要政黨對憲改內涵和時程表態後，國民黨反憲改立場原形畢露，讓公民社會和人民再次厭惡，這難道不是有助於台灣健全政黨政治生態嗎？

為什麼不信任 K 黨？

問題二：台灣的公民社會力量為什麼總是不太信任國民黨有心、有力保障台灣的國格和國家安全？如果是這樣，那為什麼台灣選民還是選出馬英九做兩任台灣的總統？

我說，台灣人民相信民主機制和程序，在 2008 年曾對阿扁民進黨政府表現了排斥的態度，也給予國民黨兩次機會。但沒想到馬政權 8 年一事無成，內政敗壞、外交休兵、國安鬆弛。這過去 8 年真的讓台灣人民覺醒，不再天真愚蠢地信任國民黨，更對國民黨執政下的民主受損心有戚戚焉。所以現在很多台灣人民和多數倡議公民團體都不信任國民黨，正是站出來救民主，履行民主公民義務的具體行動。8 年來馬政府對中國屢屢「犯」台行徑，卻毫無對策，看在台灣心裡更是痛心。

馬英九貪汙？

問題三：台灣的名嘴最近一再攻擊馬英九的貪污問題，但馬

是一位自許節儉小器的人，貪汙似乎不太可能。

我說，節省小器的政治人物，不保證不愛錢，也不保證不貪汙，更不保證不會包庇他的政治小圈圈貪汙。的確，近年台灣的輿論界和政治圈已陸續嚴重質疑馬英九的清廉招牌，不再那麼相信他不可能貪汙。許多指控涉及他的親信「拿了錢」，或是他對財團的政治獻金交代並不清楚。

各界都非常期待特偵組嚴格查個水落石出，但上週卻已被「快速簽結」。前後只花半年，這似乎仍讓「不信者恆不信」，好像並沒有真正能讓馬全身而退，或是「還其清白」。說來，這對馬仍是汙點，對司法更是傷害。

是誰還有省籍情結？

問題四：台灣人是不是還是對外省人抱持排斥？台灣人的「省籍情結」為什麼遲遲不能消退？

我說，其實台灣的大多數國民早已走出「省籍情結」而提升為「公民意識」。宋楚瑜選上省長、郝龍斌上台做市長、馬英九當上總統，還有無數的外省政治人物在台灣政壇活躍，不就證明85％的「非外省人」早已不計較省籍背景，反而是一些外省知識分子還分不清「反國民黨」其實不等於「反外省人」，而有時感到很傷感情。

根據種種跡象，現在仍死死抱住省籍情結的是在那「15％的外省人」裡面，所謂「鐵桿藍」的一群。所以外國學者應該問對

問題，為什麼那少數的外省深藍那麼想不開？那麼不能接受閩客政治菁英和本土出現的民進黨？這背後真的只是省籍嗎？或是更深一層的「國家認同」？外國學者也該客觀嚴格觀察在洪秀柱出線後的高舉「反台灣民主」和「反台獨」旗幟會不會才是外省深藍政客操弄「省籍情結」和扭曲「國家認同」的行徑？

直言

　　我相當理解在國際學術場合一些外籍台灣研究專家為了標榜客觀、中立、不站邊的立場，經常會問一些在我們聽來或許會有點「隔岸觀火」、「隔靴搔癢」或是「不夠深入」的問題，或是對有明顯本土立場本土論調批評為「政治偏見」。

　　我想這恐怕也難免，但是如果我們有更多的台灣學界朋友能不厭其煩，以不修外交辭令的直言答覆，應該是有助他們的進一步理解台灣真相，畢竟這也是我們做為公共知識分子的責任。

02　國民黨本土派就只是派系？

　　我一直不看好國民黨的本土派，也從不認為本土派是代表國民黨內部的改革派，甚至從來就懷疑，所謂本土派有什麼勇氣敢去奪取黨內的領導權，讓中國國民黨的黨性本土化？頂多他們只是在國民黨內分食權力和黨產的附庸而已。

　　我的觀察可以從這幾個月來國民黨總統大選候選人登記，和提名過程得到完全的證實。所謂本土派大老王金平想選而且自估得人望，竟因得不到政敵馬英九的點頭而最終縮頭抽手。所謂半本土派中生代朱立倫不是不想爭大位，但算盤算太精，不敢打硬仗而滑頭怯戰。這兩位本土派大老和中生代可以說是改革無力，革命無膽，結果真是被中國國民黨的外省掛、鐵桿藍、和黃復興黨部之流看破手腳，落得洪秀柱竟然出馬代表國民黨。

　　洪出馬對台灣再次政黨輪替的大契機，其實是善事一樁，但卻讓很多國人對台灣第一大黨國民黨內的「台灣」本土派人才，竟落魄失魂到如此地步，不勝唏噓。

　　截至目前為止，我敢再一次論斷，國民黨裡只有台灣籍（閩、客、原）的黨內族群（分權）派系，但不是有能力高舉改革旗幟的本土派；當然更沒有所謂的外省籍的改革派了。

　　以上是國民黨內本土派的大體解剖，接下來讓我們再來對媒體和部分名嘴眼中的台灣本土派加以解謎。這從宋楚瑜公開參選

總統之後，勤跑「地方」說起。媒體和名嘴看到宋楚瑜到屏東，國民黨七個縣議員出來迎接；在雲林，與大咖張榮味相擁；又在台中，與大咖顏清標咬耳朵，就論述說這是宋與台灣本土派結合了。

殊不知，這三個與「本土」聯絡的事例，只不過是說明宋故意與台灣地方派系（暫不論黑白）公開接觸，展示他仍有跑地方的人面和能耐。這與「本土派」一詞實在差得遠，因為「地方派系」不等於「本土派」，地方派系一向政治性格保守，唯派系利益是圖，講究權力交易；不問政治改革、國家利益，或是社會進步。他們或許有動員地方選票的能力，但卻沒有號召國家政治改革的理念和企圖。

宋楚瑜說愛台灣，重本土，卻只看到地方派系、地方議會在相挺他，卻沒看到從南到北的倡議型公民社會團體，或是從北到南，從東到西的改革派知識分子出來支持這位當年的「省長」，就可以一窺，宋其實沒有真正落實本土化和自我改革化。這也不禁讓人再度想起，他在 2000 年時選總統被質疑為什麼總喜歡與黑金站在一起的不良回憶。

因此，我深深覺得我們的輿論界和政界對國民黨或台灣的「本土派」，要有更精確的定義，和更批判性的認識。

03 國民黨黨產之惡

2014/9/12

　　從李登輝主政國民黨時代開始處理黨產就一直是國民黨內部之痛，但也被視為是國民黨改革契機的試金石。但從李登輝在1999年開始規劃信託黨產的作法以來，這15年歷經連戰、馬英九、吳伯雄再到馬英九這前後幾位黨主席，黨產改革一事，嚴格說來，乏善可陳，只一再暴露國民黨在綁樁、威脅、利誘所屬黨內各級政客以維繫政權上，黨產的財富威力仍功不可沒。

　　有人因此戲稱國民黨統治本土台灣，早期靠白色恐怖，中期靠給官，後期就只剩下黨產收買。這是國民黨在台灣的可疑三步曲，也是戰後台灣的可悲三步曲。

　　記得1999年李登輝當主席為了信託黨產改革，還組了一個「黨產處理小組」，我以總統府國策顧問身分被聘為黨外的「外部委員」，另外一位「外部委員」就是現在的司法院長賴浩敏。開了兩次會，就碰上2000年政黨輪替，接著連戰當代主席又再延續了一次會議就無疾而終。

　　在我出席的三次會議裡，內部作業小組曾將黨產中的「不動產」列了長長厚達數百頁的清單給委員「審議」和「參考」，以做為「日後」信託國民黨財產之依據。我記得我與當時還是主張司改的賴浩敏律師曾在會中提出以下三點比較激進的建議：

　　一是這些不動產財產取得是否真的合法？若不是，不能透過

「信託」去漂白和合法化。

二是除了不動產之外，更讓社會清議詬病的是動產的部分，如黨產事業、控股、投資從法人變成自然人坐擁黨財諸事端。若有誠意處理黨產、動產的「清單」也該給委員看，然後提出合法、合情、合理的處置辦法。

三是國民黨若要展現改革，就得要有大氣魄去放下黨產，不要死守黨產；該還、該賠、該捐、該送都應一併做為處理的方案。

我不知道現在貴為司法院長的賴（前）律師是否還有心、有膽去推動國民黨黨產「清理歸零」、「轉帳撥用」、「無償贈與」的法治基礎必要性。當時開會都坐我旁邊的他，幾次都信誓旦旦，說他做為公正律師，一定非講真話不可，因為他不要富貴、更不怕權勢，我始終稱讚他「所言甚是」。

國民黨也曾有黨產歸零之議，這是時任主席的馬英九在 2005 年提出的所謂「在 2008 年前清理完畢，有爭議的黨產由司法解決，無爭議就依法出售、信託或捐贈」。當然，馬的「歸零」宣示迄今完全沒實現。

實現是若干黨產變賣交易案，還因此進帳黨產處分 300 億。根據前監委黃煌雄的報告，國民黨也還了不當取得的各地政府的公有土地 74 筆、建物 31 棟，還沒還的有 5 筆土地、3 棟建物。

當然還有幾件政府追討國民黨不當產業的大案，還在司法處理中，其中中廣在各地就有 5 筆總市價約多達一百多億。更多的恐怕仍是那些在這 15 年或許早已落入自然人名下，或是私下變賣的動產；以及定義不清，早已從黨產漂白的民營企業投資。一

且到了重大選舉，這些與國民黨有利益相關「動產」和「投資」，就馬上神不知鬼不覺的「活現」、「動員」起來，做為選舉金援。但對這些合理的指控，國民黨當然一概否認。

　　黃煌雄在卸下監委前夕（2014 年 7 月）的調查報告，還直指「馬總統承諾在 2008 年以前將黨產處理完畢，現在已是 2014 年，承諾仍未兌現，明顯失職」。大哉斯言！雖有監委「警世」之語，對國民黨卻依然沒有準司法制裁作用。尤有甚者，在 2002 年開始就由民進黨主政的行政院提出的「政黨不當取得財產處理條例草案」和後來的「政黨法草案」，都一再遭國民黨、親民黨聯手封殺，迄今胎死腹中。國民黨抗拒國會和公民監督其「金權」之用心，路人皆知也。

　　國民黨的黨產問題會不會仍是國民黨政府的統治利器，或反而變成政治包袱？這得看台灣人民的政治智慧和民主素質是不是會在選舉中做出決定性的判斷。國民黨處理黨產迄今 15 年，但我到今天還沒有看到它可能可以帶來的改革「善果」，我看的仍然是因為還有不當黨產的「惡因」！

04 祝福第三勢力組黨

2015/2/16

台灣政治生態從前（2013）年下半年就開始有倡導促成所謂第三勢力的聲音。在 318 公民運動期間和之後，此一第三勢力更是有形地紛紛以單一組織或集結聯盟形式出現。

過去，我們對第三勢力的理解不外乎有以下幾個觀點：

一、國民黨腐化、民進黨未進化、台聯也未茁壯，而親民黨和新黨早已泡沫化（只剩黨主席三不五時上電視發表議論）。台灣政黨政治僵化、死水化（執政黨擺爛，反對黨沒力改變大局），因此有識人士不滿這種政治現實，乃有期待第三政治勢力出面制衡檯面上的政黨，給公民一個發聲和出力的機會。

二、長期以來，所謂第三勢力自許的作用是「批判」、「制衡」、「另一個聲音」，多少像是以民間公民社會運動組織的形式，停留在公民社會領域。他們偶爾支持特定政黨候選人或自行參選，但都未直接涉足「政黨領域」，亦即無意自行組黨。前述這種往例不少，像台灣環保聯盟和主婦聯盟的助選，泛紫聯盟的罷選，以及綠黨的參選等。換言之，過去的第三勢力或許會利用選舉場合，投入政治參與和設定所關切的議題，而非真正有心撩下去長期搞政治。

現在，在「後318運動時代」卻已目睹第三勢力走出另一種嶄新的動員組織方式，已紛紛有組新黨的動作出現。目前有四股組織力量浮現，一是從原「公民組合」分裂而成的「時代力量」，在1月25日創黨，二是基進側翼在高雄和和新竹推派人選在九合一選舉中參選後，更想籌組「政團」，三是原「公民組合」亦將在3月另組新政黨，四是綠黨亦將在重組之後，重振黨基層組織和人事，再出發成為一個真正的有形新政黨。這四個號稱台灣第三政治勢力的新政黨都強調「社會公義」、「創新」、「改革」、「開放」，而且都會很積極地去投入下一步的憲政改革工程。

有不少人，包括我在內，對這四個新政黨的出現都抱有期待，希望能對台灣政黨政治帶進一些活力和刺激，淘汰腐化僵化的不良政黨，鞭策還有希望的政黨，並藉此提升公民政治力量，不至於只剩下國民黨和民進黨這兩種選擇。或許國民黨會本能式的反彈來抹黑這些「親綠」政黨；但民進黨必須藉此自我反省、自我改革，而且應該歡迎這四個新政黨的出現，期待有更多「批判的公民」對台灣政治和國家前途給予迫切的關切。

不過，我也要指出組織政黨和進行社運畢竟是很不一樣的，必須更務實、更現實，不能只宣揚理念，也不能只上街頭抗爭，而是要有黨的主張、黨的候選人、黨的競選策略和手段，黨的財政規劃，而且還要想盡辦法去打贏選戰。如果這四個企圖超越「國、民、台、親」的新政黨能在2016直接投入立委選舉，而且藉由吸引更多「新選民」的支持而有不錯表現；那麼，我對台灣第三勢力政黨化未來的命運和發展就會更有信心和更多期待。

05 2016 會有不一樣的首投族

每年台灣都有一批新人口達 20 歲，這種人口組合的年度變化，並不特別，特別的是碰到選舉的那年，所有的注意力就開始「政治化」這批初次投票的「首投族」。

據中選會公告，2016 總統大選比 2012 年前次的大選多了129 萬人的「首投族」，他們占的比率是 6.8％。而這 100 多萬的首投族便被視為是左右下次選情的關鍵族群。

回顧過去的幾次總統大選，其實也都有「首投族」，每屆大選的首投族其實就是累積過去 4 年內邁入 20 歲門檻的「政治新生代」（20 歲～ 24 歲）。學界、輿論、政界過去對首投族也都很注意，各候選人也都視之為「兵家必爭的對象」。但坦白說，從2000 年以來的前 4 次總統大選，這些「首投族」並沒有發揮關鍵的決定作用，一則投票率不高，二則在前幾次的大選，當時的首投族政治傾向不明顯，並未形成一股促進民主鞏固的力量。

但在我看來，上述這批新冒出的首投族，可能會在 2016 這次大選展現某種「不同」的作用。因此，我們有必要問：是不是 16年來，各屆總統大選出現的「首投族」，都有著不一樣的政治性向？

這屆總統大選的「政治新生代 / 首投族」，跟以前各屆的異同，可從幾個方面去釐清，一是年齡、二是世代、三是時代。

每批 20 ～ 24 歲的新生代都有共通的社會屬性：好奇、好強、不滿、不平、喜新厭舊、愛酷、愛社交、追求偶像、叛逆、隨時找發洩的對象，也嚮往求變。上述這 100 多萬首投族也不例外。

　　同樣地，過去 16 年裡，也已有過幾批「首投族」參與總統大選。這些首投族開始「懂事」時，台灣已進入「民主轉型」（如 1996 年第一次民選總統）。因此，他們沒有歷經國民黨的白色恐怖、校園自由被壓抑和學術自主被抹煞，也沒有目睹台灣民間公民社會和黨外努力的自由化訴求和民主化抗爭以及解嚴；當然也沒感受「兩蔣」的獨裁和威權統治。

　　他們對民主體制有著「理所當然」的看法，也難免會簡化、美化民主化後國民黨的「新面貌」，一方面不能容忍任何弊案和政治污點的理想主義，二方面卻又往往輕易指責政治都是黑暗，兩黨都是爛蘋果的憤世犬儒主義。因此，過去的首投族往往會選擇躲閃政治難題、逃避在選舉中對政治是非表態，這就是這批新世代在過去對政治的排斥和不信任。

　　可是自從 2014 年的太陽花（學運）公民運動之後，台灣政治進入不同的「時代」。所謂「新政治」，就是年輕人開始關心民主在台灣生根和國家前途，不再漠視國民黨弄權亂法，讓民主陷入危機，讓國家尊嚴受損，也不再只放手讓民進黨去進行民主爭鬥。年輕人因為關心政治，所以介入政治，這就是「新政治」，也就是「年輕人要的新政治」。

　　有了 2014 年的 318 太陽花運動，才有當年 11 月 29 日的六合一大選結果，有礙台灣民主發展的國民黨大敗。也因此才有另

一批更年輕的高中生奮起而掀起 2015 盛暑的「反課綱運動」。

在這種新政治時代氛圍下，我才會說 2016 年總統大選還會承續 2014 年底地方大選中當時首投族因積極介入所創造變局的期許和動力。這種首投族的「變貌」，不是來自年齡，也不只是來自新世代背景，而是時代變了，年輕新世代首投族的政治性格也跟著變。也因此，在 2016 總統大選出現的這批首投族，會在年輕人和新世代的共同社會心理和屬性之外，添加幾份「自己國家自己救」的政治體認和抱負。

2016 年總統大選會面對這批不同的首投族！

06 認同、民主與公民：
2016 大選的意義

2016 年 1 月 16 日總統立委大選結果極具重大意義，在我看來至少有下面這幾層面會對台灣政局的未來走向產生深刻的影響。

一、台灣認同愈加上揚。

二、鞏固民主已經顯現。

三、「新公民」穩定成形

台灣認同不容置疑

8 年來，國民黨的馬政權一再以傾中、親中、媚中立場執政，傷害台灣國家主權和尊嚴。2014 年底九合一大選結果已展現台灣人民的反彈和不滿，但國民黨毫不警惕，也無悔意。朱馬甚至先後在一年內還將九二共識從「一中各表」再降格為「一中同表」，矮化打壓台灣為「一中」的部分，也毀「中華民國」於無形。這種以中國為馬首是瞻的磕頭外交，傷透台灣人民的心，也丟盡台灣人民的臉。國民黨政權真的與台灣意識和台灣認同完全疏離和隔絕。

所以日前台灣人民再次唾棄國民黨，從總統府到立法院都一舉將 K 黨掃地出門，這不是人民被操弄的「民粹」，這就是還給人民作主的「民主」。試想 8 年前台灣選民不是已給了國民黨一次空前的大好機會？但馬英九卻糟蹋了它，內政（民主、社會、經濟）、外交（對中國、對美國、對日本、對世界）都一無是處。因此台灣人民做了另外的選擇，給了民進黨另一次機會去主政，要求它去保衛台灣的國家主權和人民的認同權利，周子瑜事件在選前一夜發酵，激發更多年輕選民站出來，支持民進黨、反對國民黨，正說明台灣人民的主權認同不容再受侵犯。

所謂的「天然獨」，其實就是台灣新世代毫不需要「掙扎」就能對台灣國家認同的「自然」接受和擁抱，也正是台灣認同的向下扎根和向上茁壯的明證。台灣認同未必以反中、排中為前提，但絕不接受台灣被「一中」矮化或打壓。這次大選也明確告訴中國國民黨和中國共產黨，「九二共識」的符咒已失靈，不能再用來恐嚇或麻痺台灣人民。

鞏固的民主已生根

這次選舉結果也告諸全世界，台灣正經歷民主化以來的第三次政黨輪替，而且還是將新總統和新國會一併再給了 8 年前失去政權的民進黨，此舉無非說明台灣選民的「精明」、「自信」和「成熟」的民主選擇。有人以「新政治」來形容 2016 年以後的台灣政局，意指 1. 落實人民深深要求「台灣取向」的國家施政方向，2. 回應年輕世代積極投入政治的新局，3. 重舉「社會公平、經濟

正義」的政策目的，4.嚴格遵守「公開、透明、民主」的決策程序，以及 5. 洗刷特權封建、腐敗的「老政治、老權力結構」的「五新」舉措。

以上這些「新政治」的內涵，不外就是民主鞏固的真諦。我們要求新總統和新國會一齊攜手做到上述「五新」政治面相。新總統在五二〇以後組閣氣象和新政大向，就是能否接受考驗的指標。而二〇一以後的新國會能不能立即解決選後政權交接的憲政危機，處理不公不義的黨產，修正缺乏實質公平的立法院的組織和選舉辦法，完成必要修憲，降低投票年齡門檻和強化地方自治和經濟分權，解決人民團體和公民社會的自主權和制定單獨的政黨法，以及與新政府協商解決國家財政赤字和年金制度危機等；也正是考驗新國會是否真的有能力推動新政治的試金石。

新公民已完全擺脫省籍和族群

民主化下的台灣整體和主流社會人心已擺脫省籍和族群情結，對選擇政治人才、賦予政治權力，也早不分省籍和族群。以前幾次總統大選的結果，也已證明如此，此次總統和立委大選更是這樣。促成新總統和新國會背後的因素，絕不再是省籍或族群，而是國家認同、民主理性、階級公平和世代正義。

如果還有少數的惡意政客，想繼續操弄對外的一中情緒、對內的族群情結，絕對自討沒趣，自食更多惡果。這就是「新公民」（new citizenry）已在台灣形成的表徵，更是「新公民國家主義」（new civic nationalism）已在台灣卓然有成的證明。

台灣在 1987 年形式政治解嚴，在 30 年後的 2016 年也終於目睹了無懼的新認同、有信心的新民主和成熟的新公民之實質扎根。

07 新政府應如何對待公民力量？

　　上週末，我應邀召集並主持李登輝基金會主辦的一場研討會，主題是公民力量與國家認同。三篇論文作者（顧忠華、陳翠蓮和吳介民）分別細說 20 年來台灣民間公民社會力量的崛起和它對民主轉型和政黨輪替的貢獻，對台灣歷史的反省和解讀權的爭取和對歷史悲劇的平反，以及自 2008 年以來，公民社會（尤其是其中的年輕大學生世代）集體抗爭的對象直指內部威權國民黨和外部獨裁共產黨的「連體嬰」。我稱它是台灣公民社會民主化、新國家認同、和台中關係的三部曲。這種公民力量已是不可擋的主流。

　　在會中的討論也涉及到現在的英全政府應如何面對公民社會的力量。我對這課題認真想了想，我的分析有以下幾點。

　　第一、民進黨政府應對台灣本土形成的公民社會力量更謙虛，體認沒有公民力量的支持，不會有 2000 年的第一次民進黨執政，也更不會有 2016 年的再次主政；而 2008 年民進黨失去政權，則反映了當時是自己先失去了公民力量的信任和支持所致。所以「善待」公民力量是民進黨執政的基礎。

　　第二、民進黨政府應深切記住，公民力量可以是伙伴，但不可能收編。如何建立伙伴關係，不是那麼難，但也不容易。有幾

個要訣：見面不等於傾聽，傾聽不等於溝通，溝通不等於對話，對話也不等於共同解決問題。若只做出前面一兩個動作，那是不能成就什麼的。

第三、民進黨政府也應該「善用」出身於公民社會組織和社會運動的黨籍立委和閣員（目前多為副手），做為各部會與草根公民社會力量的「橋梁」，好共謀合理的政策解決之途。

第四、從過去 3 個月來，我觀察民進黨政府在處理「受害公民群體」、「抗爭工會」、「公民團體訴求」和「學者和知識分子建言」時，我發現有以下嚴重缺失：1. 幕僚作業不足，部會首長對問題沒能完全掌握，以致承諾後「騎虎難下」；2. 把個案的救急處理，沒能與通案的全盤對策分開，以致處理「賠償個案」之後，卻未能掌握後續政策的衝擊，反而被批評討好「特定」群體；3. 有時流於形式，有時失之急躁沒耐心，以致不了解對「受害弱勢」和「公民社會組織」要有不同應對態度和立場。

第五、總之，最大的問題是新政府在面對公民社會力量訴求時，未能「謀定而後動」。

現在才執政 100 天，來日方長，公民社會力量雖也有耐心看新政府如何對待公民組織，但他們的耐心會流失，就像 2000 ～ 2008 年阿扁執政那樣。若落到那地步，絕非好事。

08 小英政府執政一個月

2016/6/20

　　小英總統上台到今天剛好一個月。要評論一個新政府 30 天的「施政表現」或許太急也不準；但要就此檢視其「執政姿態」，應該是此其時。我同時認為，要觀察如今一舉控制總統府、行政院和立法院的「完全執政」民進黨，就要用更大格局及更嚴格標準去理解它的作為或不作為，不該因循讓它有錯而不知改。

　　我知道就職演講受到普遍國際好評和肯定的小英總統在這一個月的態度就是對外小心謹慎，對內力求改革。對外就是涉及中國的兩岸關係事務。因為承諾「維持現狀」，所以在參與 WHA 未再受干擾的狀況下，也就很保守的發言應對，此舉讓不少本土派不滿，視為過於膽小，不夠明顯表達台灣的國家立場。

　　我對此雖不願過於苛責，在 5 分鐘的部長致詞，恐怕只有台灣國民和中國政府在聽，但卻認為在會中大聲說上一句「來自台灣 2300 百萬國民的問候」，也絕對不會傷害大局。須知，求全不必委曲，負重更無須忍辱。

　　雖然在就職演說，小英總統說了數十次台灣，但這不能做為在少數的國際場合，就少提或不提台灣的藉口。或許中國不想聽也會不悅，但國際間應該會很想聽到台灣政府對自己國家定位的堅定聲音。我想提醒總統和總統府的國安團隊，從今以後切莫再膽怯提台灣，更要時時記住既然台灣人民堅定決心要做這個國家

的主人，政府也一定要堅持國家定位，絕不讓步。民進黨政府也要深信台灣國民監督的力量，正是抗拒中國政府無理鴨霸的後盾。

同時，對友好友邦如美國的豬肉進口政策，對日本的海域漁權政策，也都可以善用民氣，做為最佳決策的基礎。

在這第一個月，總統府、行政院和立法院已都有一些讓人心動和點頭的對內改革舉措。以下是我觀察到也支持的幾個它與馬政府分道揚鑣的有感改變。

一是教育部廢除前政府頒布的非法高中課綱微調政策；另嚴格界定修改課綱的程序，還邀學生參與。這是該做的對事。

二是總統會儘快向台灣南島原住民族道歉，重建台灣原住民族在台灣歷史的根本定位，以去除「漢族和中國中心主義」的錯誤史觀。這具有象徵和實質雙重意義，我相當支持。

三是立法院通過修正地方制度法，明定地方議長副議長選舉要公開投票，以防買票濫規。對我來說，這恐怕是一項不得已的短程防弊之舉，但若能儘快消滅地方議會選舉買票，一清選風，二清黨格，我贊成。但要小心為之，不要淪為反民主投票的慣性。

四是立法院恢復中斷 8 年的「永續發展促進會」的運作，這看來是小事，但意義很大。它重新揭櫫台灣海洋立國，永續發展建國的理想目標，我對此很感動。

五是總統府新國安團隊繼成功遊說美國國會通過對台「六大承諾」應列為美政府公開宣示的完整對台政策立場之後，七位參議員更在近日連袂訪台，此舉非同小可，對加強台美關係（尤其

是軍售）應有很大加分作用。代表團主席馬侃參議員在新加坡香格里拉會談的積極對台發言，也說明了美國朝野對台灣小英政府的肯定態度。小英的沉著、冷靜，無意外的國際外交政策立場，看來也在美、日、歐盟之間贏得初步的信任。

接下來我要在此建議新政府在下個月應該開始做的事：

一是要對中國政府沉住氣，面對中共一而再，再而三的挑釁（如減少中客，也可能終止中生來台留學，中斷兩會熱線等等），要以理性因應。對中方的對我的反制，立即做客觀、合理的評估並公開向全民解釋其真偽、虛實和我國的對應策略，不要躲避衝擊，更不要小器回話。要讓台灣人民知道，只要不向中國磕頭，我們就得天天小心中國會耍小動作，也會讓親中勢力在台呼應施壓，或是讓社會人心浮動。

二是也要儘速徹底地公開兩岸經貿的政治經濟後果，對中國一再宣示和國民黨政府一再低聲下氣呼應的「讓利」真假，更要全盤揭露，好讓全民知道「西向」其實不利台灣，「南向」應是出路之一。扎根立基台灣，發展創新經濟，讓全球資本流進台灣更是政府該做的全方位經濟策略。

三是可透過立法院要求，一面公布，一面匡正 8 年來所有不利「民主鞏固」，「經濟發展」，「社會公平」，「司法獨立」、「兩岸關係民主透明決策過程」的過往作為。對我來說，這也是對過去 8 年馬政府執政的客觀檢討，以及該著手的「轉型正義」！

09 對小英執政 100 天綠藍民調的解讀

2016/9/5

　　小英總統就職 100 天了，各種民調結果在過去兩週紛紛出籠，主事機構的政治立場也各有不同，有親綠，也有偏藍。因此，呈現出來的小英施政滿意度水準，也就有高有低：綠高藍低。

　　譬如說，台灣智庫民調的小英滿意度是 48.5％，台灣民意基金會是 52％，台灣世代智庫則是 53％，平均約 51.2％，超過 50％。但《TVBS》、《旺旺中國時報》、《聯合報》的民調卻分別出現只有 39.0％、41.4％和 42％，平均是 40.8％，兩種政治立場不同的小英滿意度民調結果竟超過 10％。可見「機構效應」的影響力的確不小。

　　在綠藍機構民調的內容和措辭上，也呈現認知上的差異，親綠的智庫民調問項較多也較多元，調查結果可以提供比較豐富的社會態度，如包括對具體推動政策改革的評價，如年金改革、照顧勞工權益、推動轉型正義、司法改革等。他們在用語措辭上也較合乎社會科學民調應有的中立、客觀、不誤導的標準。但在偏藍的兩報所揭露的民調題目數不但少，而且不乏語意不明（如問受訪者有感無感？），或是誘導（如直指蔡政府外交策略是聯美日抗中？）和明知故問，而無實質分析意義（如問民眾蔡政府執政後，你認為兩岸關係變好、變壞或維持現狀？）。

另外，在親綠民調結果，也讓社會大眾多方了解選民對小英主政的信心及對其領導風格的評語。整體來說，六成選民對小英主政有信心（在《旺旺中時》民調資料，也出現五成二的信心水準）。超過半數和近六成肯定小英「清廉」、「可以信任」、「有改革的心和能力」、「處理兩岸關係，能維護台灣利益」、「會溝通」、「有治理國家能力」等。但在「有魄力」和「會用人」兩項評價則是低於五成。優點要守住，缺點要改進。

　　其次，對新政府 100 天來重大政策的評價上，從親綠智庫的調查結果我們也看到一些有意義的民意，對外「處理國際外交事務的表現」竟然是最受認同（66.5％支持）（這在偏藍《聯合報》民調卻呈現強烈矛盾的對照），對內則以「推動年金改革的表現」極受肯定（56％～ 60％）。這種民意反應頗值得注意，亦即台灣人民對外看重國家利益維護立場的正確，對內重視相關政策改革，如年金改革、處理不當黨產和其他轉型正義的推動等。當然在這些多方面施政作為的評價上，偏藍的民調就會特別集中在小英政府確實比較有爭議或尚未順利解決的勞工政策問題上去指責，甚至在轉型正義推動上把處理不當黨產政策迎合國民黨說詞，凸顯它有對國民黨的「政治追殺」之虞。

　　但是親綠民調沒問，而偏藍《旺旺中時》民調單挑四個部長的滿意度做排名，倒是有弦外之音。結果發現國防部長最不得人心，勞動部長其次，再來是交通部長和經濟部長，而他們的不滿意比例都在五成以上。這些數據當然值得英全執政團隊深思反省，是不是內閣中有的部長真的太無為，有的還是沒法進入狀況，有的又衝過頭。

不管綠藍民調都揭示，台灣選民對自己一票一票選出來的小英政府很有期待，也有信心。但民眾似乎也相當焦急，不但急著想立即看到施政好成果，而且一旦看到或聽到有阻力，就馬上跟著產生集體挫折感。在上述的兩種心態交織下，民眾對小英和她的政府表現也就不那麼滿意了（偏藍的 40％到親綠的 50％）。

　　小英政府對施政 100 天的各種民調當然要謙虛接受和認真解讀和參考。從親綠的民調資料，應該可以學到很多今後當有的施政方向和作為；獲肯定的一定要堅持，被批評的，也務必要檢討。對於偏藍的民調，則是要小心注意和掌控它可能產生的不必要政治擴散效應。

　　當然，我個人更願建議英全團隊，除了數量化的民調數字之外，更應該細心傾聽和閱讀那些非量化，但卻很有見地的評論聲音和文字。

10 小英總統的歷史定位

2018/1/22

　　有好一陣子輿論界和政治觀察者都在問，民主化以來的幾位台灣總統，他們的歷史定位會是什麼。我也一直在思考這問題，以下是我粗淺而大膽的看法。

　　解嚴後的李登輝總統（1988～2000年）他的歷史定位會是：建構民主體制。

　　政黨輪替後的陳水扁總統（2000～2008年）他的歷史定位將是：打造新國家認同。

　　換言之，解嚴以來迄今的前兩位總統，他們的功過不難評估。就民主和國家認同而言，李、陳各有貢獻，也各自代表了戰後台灣這兩個典範移轉的承接政治領導人物。但第三位繼任的馬英九總統在這兩方面恐怕就相當失分，也耗損了前兩位李、陳所累積的民主本錢和認同資本。如果說在馬8年裡，為了實現他親中和統一的意識形態，名是為使兩岸關係解凍和和諧，卻讓台灣的民主倒退和國格受損，我想很多人不會反對。

　　那蔡英文總統（2016年～）的歷史定位又會是什麼呢？這恐怕得從小英政府受人民付託的期待和責任談起。在2016年總統大選之前的2014春太陽花公民運動和2014冬的地方選舉，台灣社會都已瀰漫著不滿民主衰敗和台灣認同沉淪的集體情緒。民進黨贏、蔡英文被選上總統，不就是要她挽救和鞏固台灣民主命運

以及不再向中國叩頭稱臣、甘作帝國中國的朝貢國嗎？一年半多來，小英政府整體來說，的確在對內救援民主和對外堅持國家認同上，都很嚴肅和積極在做，前者是劍及履及（急驚風）的大作，後者則是沉穩以對（慢郎中）的小作。

小英的民主作為就是大刀闊斧地除弊改革，從「一例一休」的修正、「公務人員年金改革」成案、「同婚（多元婚姻成家）釋憲」、「農田水利會組織通則」修正，到「公民投票法」修正、「不當黨產處理」的落實、「司法改革」的起步和「轉型正義促進條例」的公布，在在都證實民進黨的民主改革舉措並沒有瞻前顧後。前述幾個改革在國民黨、民進黨前朝政府都曾光說不練或是都不敢想。可見小英總統的改革決心和膽量恐怕更大於李、陳兩位前總統；馬當然是蔡的對立面樣版。

也因為這種改革步驟大和急，一個接一個，不但讓一些一般公民以為小英光破不立，對同情的政治觀察家來說，會評她樹敵多於交友。對政黨政治現實來說，改革的受益者是整個民主體制，而非特定或具體的「選民」；而受害者卻歷歷可數；於是受益者沉默，受害者卻跳腳，這就導致一年半來，台灣民主雖已被救，也有深化和鞏固的成績，但政府民調卻沒得到肯定，反而下降。

至於對中國「說不」看起來好像是小作，其實也是需要莫大勇氣和堅忍的耐力。這看在傾中統派眼裡，他們認為那是「反中」、「自閉」、「挑釁」，當然會把一些中國一年半來的霸凌惡行反而歸罪給小英的「不接受九二共識」。

另外，對台派傾獨的深綠人士來說，小英卻只是「堅持的溫

吞不作為」。所以小英的不讓步和堅忍作為，都會被統獨兩派斥為不當和過猶不及，當然也就批評聲不斷。而這兩派積極分子卻又都被媒體寵愛，一再在媒體嗆聲，當然對小英的聲望一點都沒幫忙；更在部分媒體渲染下，好像小英政府的對中政策都沒做對。

在上述這內外困境交迫之下，小英施政民調要高，恐怕也是不容易的事。如果這對內大舉改革和對外堅持立場相比，我會傾向支持小英要繼續堅持推該推的改革，除了民主深化、司法改革、轉型正義外，還有憲政改革。但是準備要更充足、時機要掌握得有智慧、說理也要更清楚有力。還好，小英總統的心理建設很不錯，她上週在南投公開說，「為了改革，她不怕被批評」、「如果要討好，就不必選她當總統」。這正是她有自知之明、沉著住氣的難得個性和勇氣。這也是很多明理的人支持她、欣賞她的理由。

這不是說，對中國的惡行就只有軟性喊話和呼籲而已，我認為小英總統和政府要更大聲、更堅定地向中國抗議，該說重話，就說出來，否則中國這個惡鄰一定會繼續侵門踏戶。台灣可以更高的民主和人權價值來做為我方對他們復談的要求。不要被他們堅持的「一個中國」、「九二共識」所綁架。同時更要向美、日重要盟友尋找他們直接的聲援，接著把中國霸凌行為向國際控訴，讓全球來譴責中國。

當然，除了除弊之外，小英政府也要有興利的良方，夢想雖好，但務實可行的興利政策，讓人民有感，才是正道。

總之，回到本文一開始的發問，小英總統的歷史定位究竟是

什麼？從過去一年的觀察來看，我想小英或許已自許，我也期待
她要更奮鬥去建立的定位是「落實轉型正義」。因為轉型正義是
她已有的強項，也更是前幾位總統沒做到或不敢做的大政績。

11 政壇的是與非？

2018/6/14

　　最近台灣政治圈的是與非愈來愈不清楚。「是」被當成「非」，「非」卻被捧為「是」，或是是與非的嚴格分際，當成稀泥來和。這在政治圈雖不是什麼新鮮事，但對一個已歷經三次民主政黨輪替的台灣，卻實在很諷刺。

　　一是台北市北農總經理的吳音寧被汙衊事件。二是郝龍斌訪北京揚言「兩岸一家人」和「中國是台灣人的家」事件。

　　前者是典型的造謠，將「是」說成是「非」，中傷吳音寧這一位長期關懷農民、農業的中道農運熱心人士。幾件莫須有的指控（沒能力、績效差、吃魚翅、送紅酒）都一一被證實是造假。但至今仍未還吳音寧的清白（是）。柯文哲身為市長卻竟然隔岸觀火或做不厚道的兩面人，甚或加碼痛打自己的幹部，這種政治行事的風格，實在令人搖頭。尤有甚者，開第一槍的造謠者（媒體、藍營市議員）也未見出面道歉。我不但為吳音寧叫屈，更氣當下政壇的是非在哪裡？

　　後者則是在若干偏頗媒體扭曲渲染之下，將郝龍斌這種完全背離台灣主流民意、乖違民主政黨政治中反對黨絕不明目張膽與「敵對」國家政權唱和又不利本國利益鐵律的論調，竟然宣傳成為唱出兩岸和平之聲和為中國擲上橄欖枝。這分明是將嚴重的「非」曲解為模稜兩可的「是」。

至今未聽到國民黨主席吳敦義出面說明或澄清，看來他似乎也認同這種近乎輸誠和急統的論調。如果是如此，那豈不坐實國民黨已淪為只是一個只會與中國示好、向中國低頭，無視中國年來一再武嚇台灣國家安全，利用台灣民主自由的開放與容忍，變本加厲滲透台灣社會內部營造親中、反台勢力，甚至大量放出擾亂台灣社會安全的「假消息」等事實的無格在野黨嗎？

　　在兩岸政策上，台灣主流民意是什麼？上週最新的兩岸政策協會民調顯示，過半（52％）民眾直指中國政府在破壞兩岸現狀，也有過半（52.2％）台灣人主張蔡政府不應該接受「一中原則的九二共識」。在這種民意結構下，當然也就對郝龍斌所提「兩岸一家人」說法表示不能接受（52.4％），更不會同意吳敦義提出的「兩岸最終的目的是國家統一」（61.3％）。也有半數（51.2％）台灣人認為在面對中國打壓下，國民黨黨主席和黨籍立委跑去中國互動示好是不適當的行為。最後，有63％民眾支持蔡政府應該要有反制措施，60.9％民眾更具體同意政府應該嚴審中國官員來台的申請。

　　不知吳敦義、郝龍斌和藍營立委在看這些民意反應之後，會不會有什麼感覺？難道他們真的那麼心不甘情不願甚或膽怯為台灣的國家利益向中國直言嗎？讓我很不解的是國民黨被共產黨打敗趕到台灣，卻不知生聚教訓，好好認同台灣本土與台灣人民共存共榮，卻竟然向世仇叩頭求和投降，即便被共產黨高層貶為爛泥巴和騙吃騙喝，也不大聲回嘴批駁。反而國民黨竟然可以向同為國人的民進黨這麼勢不兩立，欲置之死地，這更讓我感到為國民黨悲哀與不齒。

國民黨上層和下層的這些奇怪行徑，實在讓我深深感到它實在不配、也不夠格做一個民主台灣的在野黨。也再次為政壇的無是非感到痛心。

12 民進黨和國民黨的民意形象

2018/7/17

很巧，台灣民意基金會選在民進黨召開全代會的當天（7月15日）公布最新政治民調。該民調除了再度顯示標舉「改革路線」的蔡英文總統聲望仍然偏低，與上個月比較，雖負面回應下降3％，但正面回應只上升1％，維持在三成三。

這個結果，並不令人驚訝，也不必渲染其政治效果。我在小英總統上任一年後就直指，只要是立志改革，一定要有心理準備面對反對者的抗拒和反撲，以及支持者的不耐和沉默。今年1月也曾撰文說小英的歷史定位應該會「落實轉型正義」。既然如此，除弊動作恐怕會大於興利，那必然會讓一般公民以為政府只破不立，或是擔心樹敵多於交友。在這種「改革施政主軸下」，表面的民意數字恐怕一時很難漂亮；要傾聽的反而是「各方」對改革內涵和步驟的反映和建言。

接下來我要分析的則是同樣這份民調所揭露比較有意義的政治訊息。那就是民意對民進黨和國民黨的政黨形象認知差異。

調查列舉10個描述政黨性格和形象供電訪者勾選。統計出來的結果相當有趣，也印證了我長年觀察兩黨政綱宣告（表）和執政作為（裡）所獲得的印象。

在台灣民眾心目中，民進黨有以下這七種異於國民黨的黨性和黨格（依民眾的判斷強度依序列出）：

1. 有改革魄力與決心

2. 重視自由與人權

3. 重視生態環境保護

4. 代表台灣人的利益

5. 有理想性

6. 代表一般老百姓的利益

7. 清廉

　　上述前三種特性，民進黨比國民黨領先幅度從 20.1％到 31.8％。如果反推過來在台灣民眾眼中，國民黨則是一個：沒有改革魄力和決心的保守政黨、較忽視自由與人權、看輕生態環境保護、不能捍衛和代表台灣人的利益、因循和缺乏理想性，所作所為似乎是為了特定金、權利益團體，而非一般老百姓。最後，他也是一個清廉受到質疑的政黨。

　　相對的，國民黨有下面三個特色領先民進黨：

1. 有能力處理兩岸關係

2. 較有能力促進台灣經濟發展

3. 較具有執政能力

　　換言之，當前民進黨輸給國民黨的是未能依中共「統一和併吞台灣」的意旨，處理兩岸關係；急於改革除弊，以致讓民眾以

為施政未提升台灣經濟發展和競爭力；也由於有前述兩個「憾事」，民眾也就批判民進黨執政能力不理想。這三個特質，國民黨領先幅度從 13％到 48％。

看完民調的這項兩黨政黨形象全比較之後，我要鄭重呼籲台灣人民要好好想想，台灣到底需要哪種政黨？對台灣長遠前途好的政黨、做得比說得多的政黨、務實而不務虛的政黨、清廉而不貪腐的政黨、能捍衛台灣主權的政黨，就該支持。不要再鄉愿，再假裝用「中間選民」做藉口，既不敢對台灣政治前途表態，也不敢明白表態為台灣主權發聲和向中國政權說不，更不願為改革所必須付出的代價背書。

我也覺得民進黨要好好善用這份民意調查資料，一則增加自己的執政信心，二則立即有效改善在經濟興利和相關改革施政步驟和方法，千萬要設法改變民眾對民進黨持有那種「心有餘而力卻不足」的錯覺。

至於國民黨該怎麼做？我想國民黨應該好好自我檢討，如果真的覺得台灣人民誤會了國民黨的「七大錯」，那就公開出面辯護，讓台灣人民再來做一次大論斷和大清算。

13 李登輝對第二次民主改革的期待

2017/6/17

　　日前，我應中山大學李登輝政府研究中心之邀，在「台灣第一次民主化研討會中」以「解讀李登輝前總統對台灣第二次民主化的期待」為題，做一場專題講演，以做為一天三場次相關議題討論的引言。

　　我在開場白指出，李前總統是在 2011 年底因大腸癌開刀休養期間，發願在癒後要到深愛的台灣各地走一趟。在 2012 年 4 月他如願以償到各縣市訪問，在走入地方，面對人群、聆聽基層之後，他於是獲得一個結論：台灣有必要推動第二次的民主改革；而其核心考量就是「唯有落實地方自治，才能深化民主」，亦即健全地方的發展和治理，才是第二次民主改革的真諦。

　　通常我們比較常用民主鞏固或民主深化來描述第二階段民主化，這其實也是李前總統所謂的「第二次民主改革」。比較不同的是，他獨鍾「地方自治、地方發展和地方治理」，並視之為第二次民主化的方向和指標。

　　我整理了李前總統對第二次民主改革的相關講稿和文章之後，發現他有以下幾個層次的思考：

　　李前總統認為第一次民主改革的成就包括解嚴、開放集會結社、解黨禁、解報禁、終止戡亂時期、國會全面改選、總統直接民選、政黨輪替和政權和平轉移。而他本人也正是這一連串第一

次民主改革大工程的有功「推手」之一以及「見證者」。

　　他也清楚指出，上述第一次民主改革也暴露一些限制和缺憾，如民主反動勢力反撲、代議制度失靈、直接民主為建立、人民對政黨政治沒信心、媒體第四權功能不彰、司法不公又失信於民，以及中央權力過度集中，未能放權於地方政府。

　　面對第二次民主改革的需要和迫切性，李前總統有以下期許和呼籲：

　　1. 確立國家的自我認同，以台灣之名存在；
　　2. 強化公民社會、保障人民權益、權力還給人民；
　　3. 進行憲政改革；
　　4. 平衡區域發展；
　　5. 公平分配資源。

　　我在演講中也呼應李前總統的上述期待，並提出我的幾個具體回應：

　　1. 深化台灣主體性的國家認同，去除「一中」魔障；
　　2. 明確釐清憲政體制中對政府體制的定位，不要在總統制、內閣制和雙首長制三者之間打混戰；
　　3. 政府要著手有必要的修憲（如降低 18 歲投票權）準備，但鼓勵民間去為制憲做腦力激盪；

4. 大力推動一連串政治改革工程：修正公投法、著手國會改革、確立政黨政治、落實和補強地方自治法、完成年金改革；

5. 確實完成轉型正義：大力支持處理不當黨產、公開二二八和白色恐怖的歷史事實和責任歸屬。

台灣雖已是「自由之家」評比中的完全民主自由國家，但在相關的政治權力和公民權利指標上，我們還是可以再更上一層樓！

14 反年金抗議，不配稱公益社會運動

2017/4/25

反年金改革的抗爭團體在 4 月 19 日立法院前抗議，結果失序施暴，令整個社會大眾更為之唾棄和不齒。幾個月來，反年改分子的「反對訴求」一再像破留聲機一樣，重覆提出，但卻根本說服不了社會、也得不到理性民眾的認同。

針對這種反年金的攪局抗議，我在 2 月初即向政府高層提出預警，務必嚴正面對和化解。他們的破壞性行徑卻是讓人質疑政府的善意溝通和懷柔回應是不是太軟弱了？ 而警方的制暴無能，更令各界心生不滿，甚至懷疑是不是在「窩裡反」？ 面對這些亂象，政府一定要立即拿出施政決斷和改革魄力，不能讓無理的逆流亂了有理的主流。

反年改無理，早已是社會共識。但反改革的那些人卻因為日前太陽花運動獲得不起訴的法院判決而受到錯誤的「鼓舞」，甚至自比為退休軍、公、教、警版的「太陽花公民不服從運動」！

關於「反年改」抗議和施暴絕不能與「太陽花」的「公民不服從運動」相提並論，已有很多識者提出清楚和明確的論述，各界也有了共識。我不必多說，我只想在此談一談太陽花運動兩週年後的民意反應來論證被譏為是「要錢花」的反年金改革抗陳怎麼說都不能被視為是具有公益改革意義的公民社會運動。

根據中研院社會所在今年初進行的「台灣社會意向」調查發現，台灣民眾中有五成七（56.9％）支持過去兩年來民間組織推動的「政治民主運動」（如反媒體壟斷、反服貿（太陽花運動）和反課綱微調運動），更有六成五（64.9％）支持過去兩年來民間社會組織推動的「社會改革運動」（如反核、反大埔、反都更迫遷運動）。事隔兩年後，這種普遍的改革民意仍然存在，值得我們欣慰和珍惜。

　　綜觀上述列舉的六種事關政治民主和社會改革都具有「保障弱勢利益」、「捍衛公平正義」、「維護正當國家前途」三大目標，以及「說理清楚」和「非暴力手段」兩大途徑。半年來的「反年金」（要錢花）抗議行動，沒有一項是符合的。

　　試想這樣的既得利益為自利而反撲的行徑，既說不清道理又施暴，當然得不到社會大眾的支持和輿論的聲援。民進黨政府沒有理由再任由這種只是「要錢花」，而不顧公益的反年改抗議再耍賴下去。

15 年金改革大步走

　　春節前的年金改革國是會議終於完成了政府對年改政策的方向、準則和具體備選方案。過去幾個月來在年改委員會場內外對年改的正反意見及莫須有的紛紛擾擾，或許可以終止平息，而真正進入國會的理性政黨協商和辯論。

　　回顧過去幾個月行政院年改委員會的運作，民主風度有餘，讓與會者大鳴大放是好事；但無端造就出幾個根本無心溝通的「反年改英雄」卻是敗筆。因此，總體來說，年改委員會在聚焦辯論和凝集共識上確實是不足，甚至有點失控。

　　所幸，在國是會前幾天，召集人陳建仁副總統終於上電視，接受面對面採訪，又是笑臉迎人、又是畫圖、又是用讓大家聽得懂的話，說出政府的年改具體藍圖和方案。依矚目程度，分別對降低所得替代率、廢除 18％優存利率、加長薪資採計期間和延後年金請領年齡等項目，一一擬出政府的腹案。結果社會普遍反應很正面，總算穩下年改陣腳。

　　國是會議後，立即有兩個不同的民調公布，一是台灣世代智庫，另一個是民進黨。前者發現七成民眾認同應該進行年金改革，六成五支持在今年就完成，六成四對小英總統推動年改有信心，更有高達七成五民眾支持漸進取消軍公教 18％優存存款。後者甚至透露有七成民眾支持今年內完成年金改革，六成九贊成逐年調

降 18％優利。連國民黨的國會大老王金平也都表示，國民黨團應不致焦土杯葛年改。也據了解，各個工商團體和工會組織也都紛紛表明支持年金改革。施振榮甚至為了挺年改說了重話：「如果不變，大家一起死」。

說實在的，年金制度改革在陳水扁和馬英九兩個政府都功敗垂成，關鍵就是缺乏決心和用心，也無視多數公民和年輕民意對年改的關心和焦慮。小英政府有心年改，是做對該做的事，難怪有七成民意在背後支持。小英總統應充分珍惜這個「求變」的民意，立即挺起腰桿，在 3 月到 5 月間，要考試院和行政院將年改法案送進立法院。

在前述的民調中，也透露部分軍公教對年改還是心存抗拒，而年輕世代卻是比較焦躁要催促盡快完成年改。小英政府要如何平衡這兩股對立的民意，確實是要用些智慧。另外，對目前仍然存在的一些似是而非，或是心存恐懼和不確定感的「反年改論調」，政府也應該立即劍及履及，不厭其煩去一一釋疑和破解，以免又變成「不實新聞」而混淆人心。這包括以下這些「反年改」的質疑：

1. 年改違憲，也違信賴保護和法律不溯及既往原則？
2. 年改下重手刪減已退休公教人員的條件，但對從未享受優渥年輕公教世代其實也是不公平的？
3. 年改將軍公教污名化成為社會與財政的「寄生者」？

4. 年改會破產其實是政府處理各退休基金的理財能力太差，如果經營有方，就不會出問題？

5. 年改只不過是拖延各退休基金的「破產」年限，讓人擔憂年金終究會一改再改，也更讓人沒有絲毫安全感？

6. 年改會不會在製造「均貧」社會？

我敢保證，過去幾個月一直用上述質疑來反年改的李來希（全國公務人員協會）、黃耀南（監督年金改革行動聯盟）、吳斯懷、胡筑生（退將）、楊仁壽（退休最高法院前院長），國民黨主席候選人、國民黨中央和部分傾藍媒體和名嘴，在未來兩個月一定還會再重覆使用這六點論點來挑戰甚至否定年改方案。

總統府、行政院、考試院和立法院民進黨團要嚴肅認真地去化解上述疑問，甚至以答客問和說帖方式來減少反對者和質疑者，以爭取和擴大支持的大多數。

16 對當前台灣政壇民粹政治的觀察

2019/8/26

　　就我個人的觀察，目前台灣政治出現以下三個趨勢：一是反體制的情緒浮現，同時找尋替代認同對象的想法也增強；二是反改革的藉口往往被利用來做為保守力量動員的工具；三是在既有的部份政黨陣容裡面或是在政黨政治之外，興起了一陣民粹主義和民粹政治人物的冒起和騷動。

　　上面這三個趨勢，似乎也不限於台灣，在全球政壇也都可此起彼落的看到，其中以歐洲尤然。第一個趨勢的背後其實就是對既有當權派系或人物的逐漸不信任；第二個趨勢也可被視為是被一種反改革和反進步背後的社會及政治新保守主義在動員；第三種現象則是前兩個新政治動向所催生出來的一種新政治人物類型；或者說是一種能夠即時抓住那兩個潮流而竄出的另類政客。一如前述，這是當前一種讓人側目的全球民粹政治生態和民粹政治人物寫實。

　　我回顧了對歐美亞各國民粹主義現象的論述和著作，如 Paul Kenny、Pippa Norris、Ronald Inglehart、Rovira Kaltwasser 等。發現有下面這四個不盡相同的核心元素。一是具有右翼國家主義的排外色彩，也暴露種族主義反移民的保守意識；二是呈現某種能動員群眾的 Charisma 政治領導風格和特色；三是充斥著以修辭學語言或話術來訴諸「人民」做為「政治」的絕對原則，反菁英

的情結甚濃；四是對於具體國家政策往往語焉不詳，或只是化約問題，簡化解決途徑，但無嚴謹的政策分析過程宣示。

在當下台灣，上述四個民粹主義的後三個成分均充分出現在若干檯面上的政治人物的語言、行為、領導風格和政治動員術上。尤其是最後兩個民粹特色：以「庶民」做為政治號召，製造追隨者（即粉絲）；或是故意簡約複雜的政策課題，甚至以容易聽得懂的空洞誘人口號，來即時滿足那些陷入集體挫折和不滿的特定群眾（選民）。這兩種台灣民粹政治的內涵，就製造了一批「非X不投」的死忠擁護者，和具排外性和攻擊性的「X粉」；這種不盡理性的民粹政治粉絲也應運而生。這恐怕會是將選舉政治可以存在的好惡選擇推入幫派化權力鬥爭。

雖說民粹和民主之間有時會有難完全分割的區隔，但當下台灣民粹政治人物操弄下的動員術和選舉伎倆，卻是對台灣這個新生民主體制已產生相當不利，甚至有害的偏誤現象。

民主當然是以人民（一般公民）需求和利益為最終目標，但絕對不能停在口號或是一方面毫無證據的反菁英、反體制，卻又另一方面以誤導追隨者來建立自己的威權。所以我完全支持民主，但不苟同我目前看到的一些民粹現象，這包括操弄民主的民粹政客和被操弄的民粹群眾。

台灣首位出現的民粹政治人物，是 2014 年參選台北市長的柯文哲，他以政治素人之軀，躍身成為民粹政客。他一開始沒有明確政治理念，但卻以推倒藍綠之牆，討好中間和淺藍選民；再又以墨綠自居來贏得民進黨支持者的歡心。他當年就是以簡化政

治問題，不深究政策，只以話術來通吃藍綠。民進黨當年的「禮讓」，當然是讓柯順利登上民粹政壇的推手。

到了 2018 年連任選戰，他面臨的挑戰就大得多，由於他的「偏中」、「傾中」政治立場，在過去幾年不再隱藏，導致民進黨不再禮讓。但他仍然以反藍綠的白色力量自許，也仍再以化約問題、躲避問題、簡化政策的話術，來動員選民；或是以自己的直覺，率性發言做為吸引部份追隨者的魅力。

不過，他對維護台灣國家利益的反諷犬儒批評，以及對中國鴨霸的噤聲和自我審查，以及「兩岸一家親」老是掛在嘴邊，愈來愈讓偏綠和年輕「天然台」選民不滿，認為他的民粹主義對外是「苛台卻寬中」，對內卻是「說得多做得少」。比起四年前的他，柯文哲現在的民粹術是愈來愈具攻擊性，雖也常以自嘲解困境；但對 2018 年民進黨不再禮讓支持他連任，竟公開以「怨恨」兩字來表達對蔡英文的不滿，的確也讓不少中道、中堅和中間的民眾斥之不厚道。他是民粹政客，但他貿然倉促成立的「台灣民眾黨」卻未必然是個民粹政黨。

韓國瑜則可說是當前台灣民粹政治人物的集大成者，輕言反體制、反官僚，以簡易口號代替政策動員群眾，並有鐵粉追隨，甚至攻擊「非我族類」的「黑韓」不餘遺力。他也是最擅長用難以檢驗的空洞口號做為選舉政見的民粹者，如以「○○發大財」、「台灣安全、人民有錢」、「賺錢外交」來代替政策內涵。

同時，他也是最會用激烈話術攻擊「現狀」，激起選民相對剝奪感的政客，如「又老又窮」、「路面坑坑洞洞」、「過去領

導人打混」等。此外，一如柯文哲，他對中國的對台鴨霸則採打馬虎眼的方式，絲毫不敢批中。這也讓論者警覺到，柯韓這兩個民粹政客似乎背後都有中國陰影，難免讓人生疑，台灣的民粹主義是內生？還是有外力或明或暗介入的結果？

同時，柯韓兩人都善用網路動員，上述所謂「鐵粉群眾」也就是他們的網軍成員，也因此他們都異常在乎所謂的「網路聲量」高低，一高則喜，一低則憂。此外，他們都很敢輕率承諾說大話，但卻又完全不在乎能否落實政見，這種近乎騙術的民粹政治在其他有民粹主義出現的國家也不少見。

在國際上冒起的民粹政治人物中，不乏一些大財主，他們也是民粹政客的來源之一。他們的動機不外是霸氣和自傲，自認若能經營財團企業賺錢，當然也可以治國。台灣的第三位民粹政治人物郭台銘就是屢以「台灣的川普」自居，更開始在穿著、身體語言、和與一般民眾互動的行為舉止也學著走「民粹風」，只是未必像柯韓那兩人那麼到位。他的政策口號雖也未經深思熟慮，也或許難以實現，但不致像柯韓那麼貧乏空洞。不過他總說有能力遊走和擺平美、中兩國，解決台灣困境，甚至像摩西那樣帶台灣走出紅海。就這個國際政策而言，似乎又很像誇大的民粹式空話。

郭台銘也有他自己的民粹傾向，那就是他極力利用他的鴻海王國培養「郭粉」。在他心目中，他的群眾基礎是所謂知識藍、經濟藍。難免讓人懷疑，他是不是懷著可擱置國家利害，但不能沒有經濟利益的意識型態？尤其，他也像前面的柯、韓，對中國仍舊抱持幻想，傾中、親中，自不在話下。可是，絕大多數台灣

選民難道會無視他的經濟王國與中國極權政府的親密關係嗎？

最後，我認為 2020 總統大選，會讓我們目睹到傳統政黨競爭和新興民粹主義政治勢力的再次衝突和矛盾。但我不認為，現有的兩大政黨（國民黨和民進黨），或若干新舊小黨（如，時力、台聯、喜樂島聯盟、台灣民眾黨、一邊一國黨）會真的轉變成為像歐洲那樣完全的民粹式政黨體質。

我雖不覺得民粹主義或民粹政客可怕，也不認為他們會長期支配和左右台灣民主政治發展，但我主張要全民和政府戒心的是，當前台灣民粹政治人物和他們的「鐵粉」、「網軍」背後存在的紅媒和中國干擾因素。

另外，我更期待台灣廣大選民要睜大眼睛，嚴格檢驗那些具有民粹特質的政治人物和他們周邊的粉絲軍團，以免混淆民主應具有的嚴肅、容忍和互信。

17 決定 2020 大選勝敗的八個關鍵

2020/2/3

　　2020 年一開始的大事，就是民進黨在總統和立委大選都獲得勝利，擊退國民黨的挑戰，再度處於完全執政的地位。選前，不論台灣選民，還是國內外觀察家和媒體都說這次大選是台灣歷來最重要、最關鍵的選舉，因為它不只是事關台灣民主自由的鞏固與否，更涉及台灣是否能敢向中國說「不」，以維護主權獨立，拒絕受中國操弄台灣的國家政治權力結構和運作。

　　蔡英文帶領下的民進黨能在短短一年之間，翻轉 2018 年 11 月 24 日的九合一地方選舉的大敗處境，堪稱是奇蹟式的逆轉勝。蔡總統政府和民進黨怎麼做到的？這確實是各方都在找尋的「成功方程式」。

　　我認為依時間序列來回顧所發生的種種事蹟，可看出蔡英文和民進黨一直在做「對」的事，而國民黨卻一直在做「錯」的事。以下是對與錯的對照：

1. 2019 年 11 月 24 日選後，蔡英文和民進黨真的痛定思痛，檢討錯誤，謀求止敗求勝之道。國民黨卻沉醉在意外的大勝氣氛中，不思如何改造黨的體質，乘勝追擊。民進黨知道為何敗，國民黨卻仍不知為何勝。

2. 2020 年 1 月初，中國習近平誤判情勢，以為台灣已成囊中物，發表了「一國兩制台灣方案」。蔡英文即時回應，悍然拒絕接受招降，強調台灣國格。國民黨從上到下卻支支吾吾，不敢明白表態捍衛台灣的獨立自主。台灣民心立即感受到民進黨的「保台」決心，也更懷疑國民黨的「親中」立場。

3. 蔡英文化解前嫌，請蘇貞昌再掌行政院，蘇也再度發揮明快施政作為和效率，一改過去幾年民進黨的為政習性。國民黨則還未察覺民進黨的求變態度和作法，也依舊未能立即掌握民心的動向，只空喊「重新執政」，但施展不出如何取而代之的作為。

4. 賴清德在黨內初選挑戰動作發揮了「鯰魚效應」，刺激了蔡英文的求變意志和民進黨的憂患意識，促成了「蔡英文2.0」的成形和民進黨中央黨部的體質和決策的「年輕化」和「戰鬥化」。國民黨中央黨部依舊誤判民進黨這種「創造性的破壞」情勢，了無警覺性；甚至以為可以坐著就等「韓流」繼續讓國民黨再贏一次。而「韓粉」頭頭——韓國瑜，不知有意或無知，為向中國政權示好，竟在敏感時間訪港之時，進了中聯辦與北京駐港後台老闆握手交好。台灣人民在目睹蔡英文積極求變之餘，卻又冷眼看到國民黨中央和韓國瑜的消極不作為和不當「媚中」行徑。

5. 香港爆發「反送中」公民抗爭，一發不可收拾，蔡英文也即時表示正面支持的立場，不容坐視「今日香港・明日台

灣」的發生。再一次，國民黨上下禁聲不語，深怕得罪北京政權，韓國瑜竟在第一時間答稱「不了解」。

6. 同時，蔡英文終於獲得賴清德的支持，同意擔任競選副手，「英德」配成形，如虎添翼。另一方面，不知是被「韓流」迷惑控制，或是黨主席有個人政治心機，國民黨排除朱立倫、王金平和郭台銘的參選，而讓一個既食言又失言的爭議性人物韓國瑜出馬選總統。這讓台灣選民在對比之後，高下立判。

7. 「蔡英文 2.0」最大特色是敢為政策辯護，有擔當，正面對抗北京，願與年輕人對話，更在 2019 年最後一天，立院通過「反滲透法」，加強其決心「護台」的力道。相較之下，韓國瑜沒政策，只會空談無稽之事，他的「庶民」形象又被諸多私人爭議搓破，誠信破產。對中國侵台的立場，他依舊不明言、擺爛。這讓台灣多數選民產生高度疑慮。在選戰後期，韓國瑜竟因民調慘輸而宣告「蓋牌」，更讓人對他產生「輸不起」的負評。

8. 由於中國近十年來在國際上的霸權形象日益被質疑，而蔡英文屢屢發言捍衛台灣民主自由，以美為首的民主陣營紛紛表態支持民主台灣對抗極權中國。而國民黨卻又提不出什麼讓國際的民主國家信服的對中策略，於是「中國因素」讓國民黨一再失分，而讓蔡英文和民進黨得分。一時之間，這場選舉也變成台灣到底是選擇中國，還是選擇美國的試煉。

具體說，大選是要選民在「抗中保台」和「傾中棄台」之間做抉擇。台灣選民，尤其是年輕人，給了民進黨創下史上第二高的 74.9％投票率，也給了小英總統史上最高的 817 萬高票（57.13％），以及過半的 61 席立委席次，「親美保台」也儼然成為這次大選後的最新主流民意。

　　以上這八點關鍵事件與時刻，蔡英文和民進黨都選擇做對的事，散發「知恥近乎勇」的效力和「自助人助」的自覺；在中國侵台威脅下的「亡國感」，更是激勵了很多台灣選民站出來投票的集體意識。相對的，國民黨中央和韓國瑜個人競選總部卻是一再做錯事，更與主流民意愈走愈遠，可謂「自作孽不可活」。雖在「滅黨感」的催促下，泛藍選民也傾巢而出來投票，但「滅黨感」終究敵不過「亡國感」來得有正當性和號召力。特別是對年輕選民而言，他們在乎的是他們和台灣這個國家的前途，而不是國民黨這個黨是不是有未來。

18 看國民黨選敗後的再一次改革契機

2020/3/2

　　我在 2014 年底九合一地方選舉國民黨大敗後，在自由時報的專訪中，明白指出「國民黨無改革派，選民唾棄」。這是我長期觀察國民黨政治權力結構和運作所得到的結論。五年後的今天，目睹其 2016 年總統、立委大選（敗）、2018 年九合一地方選舉（勝）和 2020 年總統、立委大選（敗），國民黨兩敗一勝經驗後，我仍然相信我的判斷沒有錯，那就是國民黨真的沒有「本土改革派」，也沒有真的「年輕改革派」！

　　在李登輝掌權下的國民黨權力結構曾被期待真的培養一批以台籍為主的本土派菁英，能逐漸將「少數統治」的「中國國民黨」轉型成為「多數統治」的「台灣國民黨」。遺憾的是，見諸過去四分之一世紀以來的事證，這批為數大概在 10 位上下的台籍高層國民黨權力菁英，完全無心或無能以落實權力和心態本土化的「本土派」自許，只淪為只不過是一群附庸在國民黨黨國權力體制下，只知一昧爭權奪利，毫無作為的「台灣派系」而已。

　　更令人痛心的是，當年做為國民黨高官的台籍政客，竟有不少背叛了李登輝，完全捨棄真正的「本土意識」和有膽識的「黨內改革心態」。如今回首，上面這些為數大概 10 人左右的國民黨本土派，雖然幾乎都快全數凋零或退場，但似乎仍被黨內當成「既得利益」的護身符。如今放眼看去，國民黨的高層也就沒有一個

可以稱得上是台籍身份有本土認同的「資深」改革派。

國民黨身為百年老黨，退守台灣迄今也超過 70 年，經歷 80 年代的台灣民主改革風潮的洗禮，卻沒有把握時代的契機，進行內部的大改造。不只上面提到的少數台籍本土派無力展現改革力量，也曾有一票外省菁英被期許是改革派，結果他們卻最後淪為脫黨成立新黨的反動派。所以，過去的國民黨就讓我們只目睹到「附庸派」和「反動派」權力資源互鬥，卻無大鳴大放的在理念、方向上的改革競爭。

因此在上述現行權力結構中完全缺乏台籍或外省籍的「改革派」的遺緒「基因」成份的困境下，2020 年敗選後的再一次改造驅力會從哪裡出現？其成功機率又為何？

從 2000 年國民黨在台掌權 50 多年，第一次下台開始，就有來自內部改革的訴求。以後每次敗選，就有一次改革呼籲；如今已經過了好幾次的契機，但後來就沒有一次真的落實，也就都斷送那一個轉機。

我觀察自 2000 年以來，這 20 年的國民黨幾次改革契機，也依俗都來所謂「年輕改革派」鳴槍。然而是各自發聲，提出不同的沉痛改造建言，卻因無集體行動最後都不了了之。當年在第一次政黨輪替後，強出頭的「年輕改革者」，如今也都一個個早已忘了當年的改革壯志。不僅如此，他們反而變成了舊結構的一部分。看來實在令人不勝唏噓。這回答了我上面提的第一個問題的前半段：到目前為止，國民黨內部真的是很難產生所謂的「改革派」！

一如所料，國民黨在 2020 大選輸了之後，改革之聲再起。兩位主席補選候選人郝龍斌和江啟臣在上週政見說明會各抒己見。這兩位以「救黨」目標自許，但似乎又是來自黨內舊結構（一是黃復興黨部舊勢力，一是國民黨在地方的派系）的政治人物，能真的把握這又一次的改革契機嗎？從郝、江兩人的出身和他們過去在黨內的表現並不令人樂觀。

　　如果再從他們在政見會所提的「改革論述」，又會讓人為之振奮嗎？從政見會的發言來看，郝、江的改革宏論，大致都集中在三個方向，一是人才的交替和年輕化，二是黨內菁英被視為中國「買辦」的印象問題，三是黨的兩岸新論述。我同意這是國民黨必須面對的三個大哉問，更是立即要有答案的嚴肅考題。

　　總體說來，郝、江看到的問題都差不多，也知道問題在那裡，但怎麼著手大改造，兩人似乎不是欲言又止，就是不敢說得太清楚。以黨內人才年輕化而言，兩人就不敢直言要一些大老不要在台灣干預黨務，在中國繼續爭做中共的在台買辦。他們也不太敢說要學民進黨一樣，提供更多機會給優秀年輕人參政。在黨部組織改造上，江啟臣也誤將「政黨組織」看成一般「企業組織」。郝一面說一定要世代交替，卻另一面還沒做就怕變成政治鬥爭。

　　郝、江兩人看來都有意改變中國政策的論述。江說「九二共識」有點舊，應在黨內辯論求解套，卻又不敢批判中國將「九二共識」導向一國兩制。郝說要徹底改變黨內的親中立場，卻還是說不出怎麼做才能展現「不親中」的國民黨黨格。兩人更是始終不敢也不知該如何區別和看待中華民國（名）和台灣（實），所

以只能從兩人嘴裡一再說「堅持中華民國」、「反對台獨」（郝），或是「反對法理台獨」、「我們已經是一個獨立的國家」（江）。

　　不過有趣的是兩人都不約而同地會舉出民進黨做為他們「論述」或「領導治理」的引用例子和對象。這倒是罕見，也許這是現在國民黨改革的一個契機：向民進黨學習或許可以提高落實改革的機率。

19 大修人團法的三個方向

2016/10/31

現行的「人民團體法」實在是一個不只「雞兔同籠」（大法官語），甚至是「雞、兔、虎同籠」的「三合一亂湊」法律條文；究其立法背景就是將「黨國」組織以外的「人民」團體不分本質，全列為「管制」對象，是威權體制的遺毒，不能不去除，以完成另一椿「轉型正義」工程。

包括我在內的第三部門（非營利組織、非政府組織、公民社會組織）多位學者在過去兩年來一直在鼓吹人團法的大翻修。這個改革時辰終於來到。2016年第三次政黨輪替，民進黨再次執政，人團法健檢和大手術得到主管機關內政部的正面回應。

內政部長葉俊榮法律學者出身，對「公民立憲」（civil constitutionalism）有深入鑽研，自然對公民社會、NPO、NGO對民主自由制度的積極角色持肯定而維護的立場。因此，過去幾個月的學官溝通對話下來，內政部已接受學界倡議，已朝著我個人將它歸納成「健全」、「鬆綁」和「促進」這三個大方向去翻修「人團法」。觀察內政部修法進程迄今的種種作為，我相當肯定民進黨政府的良善用心和相關官員的積極用事。

健全化

　　現行人團法將職業團體、社會團體和政治團體這三個屬性完全不同的「人民團體」混在一起，完全忽略這三個人民結社有截然不同目的和運作，因此應「三分人民天下」，亦即將人團法重新法制化，以「職業團體」、「政黨」和「社會團體」為主體，分別立法。其中「政黨法」也已送立法院審議，這更給了「三法並立」的修法精神一個很好的啟動基礎。唯有將社會團體獨立立法，才能健全而全面地看待公民團體、NPO、NGO、第三部門對民主自由社會的貢獻。

　　但是，鑑於立法的規範複雜性和跨部會的權責敏感性，社會團體新法所指涉的恐只限於以「會員」為組織基礎的「社團法人」，亦即以協會、學會、協進會、聯盟、連線為名的社團，以「基金」為組織基礎的「財團法人」（即基金會）將不在新法的規範對象之內。換言之，針對廣義定義下的NPO、NGO多樣組織，在這次修法恐怕還是會有所遺漏和不周全。

　　所以新的「社會團體法」定位「社團」將是那些以推展文化、學術、醫療、衛生、人權、平權、社教、環境、人道救援、國際交流和和平、宗教、慈善、體育、聯誼或其他以公益為目的，由個人或團體組成之「民間非營利團體」。它可以是以倡議改革為宗旨，也可以是以慈善服務為標的的NPO或NGO。

鬆綁化

　　既然是要正面對待民間公民社會團體，這個新社團法的立法精神當然就要鬆綁，政府不要有過多而沒必要的管制和約束，只要有合理的精簡規範即可，亦即從管制到鬆綁，從他律到自律。鬆綁的基石就是採「登記制」而非「許可制」，一旦登記就可成為公法人；其他還包括放寬成立人數、會址、章程、會計報表、解散清算。自律包括責成各社團自行透過章程自我規範，以公開、透明、責信做為社團自主運作和自我要求的三個目標。至於社團若違法，則可直接依民法、刑法處理，不必再增加無謂條文行使「訓政」。

促進化

　　這個新法除了上述健全和鬆綁之外，最大的進步性格就是學術界所一再強調的「培力」和「賦權」，或法律上所謂的「促進」。公權力可以更積極去促進社會團體發展和成熟，以發揮倡議改革或服務社會的功能的途徑之一就是從旁協助和拉拔，其中一個有效作法可以設置特別基金（以補助成立基金會或聯合會）以資訊提供、跨領域媒合和合作、在職教育訓練、法律扶助和國際交流等做為任務。基於此，新法就宜直接以「社會團體促進法」為名。

20 「政治」風向左右地球未來

2020/4/27

今年的地球日（4月22日）是在武漢肺炎（COVID-19）肆虐全球的災情下渡過，從它發生、蔓延到各國防治的狀況看來，似均與政治脫離不了關係。地球的未來也與政治息息相關。

在2020年，全球科學社群通力合作的「未來地球」（Future Earth）研究計畫針對氣候變遷和減碳問題發表了最新的報告《我們在地球上的未來（Our Future on Earth）》。它在政策議題上有四個重大突破。首先，這份報告首次以政治作為分析重心之一，就是一個重要的突破；其次，氣候變遷否定論（climate change denialism）指的是質疑科學研究裡氣候變遷衝擊的觀點，本報告探討散佈這種觀點的政治與社會因素，認為與民粹主義的興起有關；第三，研究發現碳排放產業與該國民粹主義興起也經常密切有關；最後，報告認為對抗氣候變遷否定論的社會力，來自環境友善的公民團體。以上四個重要觀點分述如下：

將政治納入分析重心：這是近年來有關氣候變遷（Climate Change）的國際組織報告中，難得一見明文將社會和政治層面列為醒目而單獨的一章。過去，頂多是以一段話，諸如「人民的生活方式也應有所改變」或「人民和NGO的環保集體力量也應被重視」論述因應氣候變遷應有的諸多正面途徑策略。這份報告終於正視社會與政治因素對氣候變遷與相關政策的影響，值得肯定。

氣候變遷否定論來自民粹主義：有別於過往以簡單的說法呼籲應重視社會、文化、生活方式等「有助於」因應氣候變遷永續發展和減碳轉型的社會因素，本報告特別聚焦在「有礙於」氣候變遷和減碳政策執行的一個政治因素，亦即假藉人民、民間、草根之名的民粹主義，利用民粹主義質疑、反對或否認有氣候變遷事實的「氣候變遷否定論」；它污名氣候變遷論述是「自由派的騙局」，並藉此阻擾、反對任何積極因應氣候變遷或減碳的政策，號稱這些氣候政策會打擊產業，降低經濟成長和減少就業機會。此一民粹主義的社會基礎，就是群眾對經濟危機衝擊的恐懼。

　　民粹主義背後與高碳排放產業有關：這種「否定氣候變遷科學證據論」的民粹主義及其倡議的右翼保守政黨，在歐洲正方興未艾。在歐洲議會中，三分之一屬於右派民粹的成員，固定地反對任何有關氣候和能源政策提案；投票反對氣候及能源政策方案的選民中，有一半具有民粹政黨黨員身份。

　　在21個右派民粹政黨中，7個（1/3）直接否認「氣候變遷」、人類世（Anthropocene）的肇因及其負面效應。根據世界資源研究所（World Resources Institute）的全球溫室氣體排放資料，30％竟然是來自那些被民粹主義政黨掌權的國家。本章作者嚴正指出，在正值人類面對關鍵年代，必須大力推動避免上升2°C溫度的氣候政策之際，上述民粹的「氣候變遷否定論」會造成嚴重後果。

　　建立友善環境的公民社會聯盟：反制上述「威權民粹主義」（或稱民粹威權主義），本報告期待有另一股抗衡的進步力量出

現，亦即進步行動人士（progressive activists），由中間偏左勢力和綠色環境力量相結合，以共同面對和解決「氣候變遷」和「社會正義」這兩大人類問題。同時，它還特別推崇全世界原住民族如何持續他們生態體系的「在地知識、智慧和行動」。除此之外，它也列舉了幾個草根運動也正在對抗那些「否認論」的民粹主義和政黨。可是這些「對」的草根公民力量是否真的能在全球各角落結盟，凝聚足夠政治力量來對抗「錯」的民粹主義力量，進而督促各國政府正視氣候變遷風險和減碳治理呢？這恐怕不容過於樂觀。

這份報告對台灣的環境變遷研究方向和未來行動策略、以及台灣的國際參與有很多而直接的啟示。

1. 將政治納入台灣環境變遷研究的視野：如何找出那些也存在於台灣的「氣候變遷否定論」的民粹主義因素？近年在政界、產業界和輿論界的「反綠能」、「擁核」、「反非核家園」論述，是否也隱藏著台灣版的「氣候變遷否定論」？他們是那些人和團體？背後支持力量又是什麼？民進黨政府應對 2018 年公投案「反環境」的結果深加反省和研議對策。

2. 關注台灣版的民粹主義：近年來台灣也有類似民粹政治現象，以「庶民」為訴求，主張短期的經濟發展政策例如「發大財」，反對空污卻又提倡風險更大的「以核養綠」等等，與歐洲政治的類似性值得關切。

3. 尋找台灣友善環境的社會力：台灣的友善環境力量及其社會基礎為何？友善環境的公民社會與草根組織如何擴大社會影響力？ 如何凝聚上述進步活躍的環境公民團體，發揮督促鞭策政府正視和執行氣候變遷治理措施？行政院和總統府應立即採取行動，加強聯結國內外的綠色力量，為氣候變遷和減碳前瞻政策共同效力。

4. 關注台灣民粹主義與高排碳產業的政治傾向，防範氣候變遷否定論：如何透過學術、知識界和公民社會影響力，凝聚綠色正義力量，另一方面也要正視台灣版民粹主義「氣候變遷否定論」，加以辯駁、匡正，應是當務之急。

林宗弘 中央研究院社會所研究員 合著

21 「李登輝現象」：前提、弔詭和諷刺

2020/10/12

　　李登輝前總統在今（2020）年 7 月 30 日逝世，9 月 19 日總統府頒發給李前總統的褒揚令有如下這麼一段：「綜其生平，肇啟本土自由民主歷程發展，透視台灣主體意識戰略布局」。蔡英文總統的追思文中，更提到「李前總統的一生，是一部台灣近代史的縮影，他經歷過殖民統治，走過威權時代，在台灣民主化的過程中，成為了關鍵人物」。

　　確實李登輝是繼承蔣經國的遺言，從 1988 年開始推動具體民主化步驟最重要的領導人。在他主導下，台灣打造民主體制的過程被描寫是「寧靜革命」，而他更被國際媒體稱為「民主先生」。

　　他是怎麼做到的？解開像謎一樣的上述歷程，相信是有助於釐清台灣民主經驗和典範的關鍵。的確，台灣威權統治的自由化轉變契機，始於蔣經國晚年，這也是他回應公民社會和政治反對勢力「由下而上」壓力的理性作為；1987 年解嚴當然是最重要的自由化政策。李前總統原來是農業經濟學的學者及農政官僚，1970 年代初期，被推薦進入蔣經國擔任行政院長的內閣。

　　在蔣經國一手提拔下，李登輝始得於 1984 年出任副總統，開始他身處國民黨權力中心的政治生涯。從 1984 年中到 1988 年初蔣經國過世這 4 年之間，他以萬分謹慎謙卑的態度和姿態，側身在風燭殘年且幾乎不信任所有其他「親信」的獨裁者之旁，卻獲

得相當信任，誠為不易。

這種掌權前隱忍的功夫，是「改革者」李登輝得以在充滿敵意的國民黨威權體制內存活和居高位的智慧和修養，也是他在後蔣經國時代能夠得權施政的第一個前提。否則，他一定會被國民黨保守勢力排擠、摒棄在外，根本不會有後來的「李登輝主席和總統」。

李登輝從 1988 年後的民主化之旅始於推動資深中央民代退職、結束萬年國會、總統直選、接著終止「動員戡亂時期」、廢除刑法第 100 條，排除思想叛亂入罪、修正「國安法」、解除黑名單、裁撤警備總部、繼而公布兩岸人民關係條例和立法委員全面改選，這些都與政治統治的的本土化和台灣化有關，這無異是將確立台灣政權主體性與前期在中國大陸的國民黨統治做一政治區隔，也與現時中國共產黨統治下的中國大陸做一明顯劃分，亦即政治民主化和政權本土化併行。如今回顧，這可說是李登輝佈署台灣民主化大業的另一前題。若沒有本土化的底蘊，民主化恐將徒具表面形式。

李登輝在權力穩固之後，更進一步論述台灣的國家定位，先是公開倡言台灣為主權的國家，不適用「一國兩制」，繼而提出兩岸是「特殊的國與國關係」，將本土化的路線發揮到淋漓盡致。

要實現上述那些民主轉型和改革，李登輝其實在反動而保守的國民黨內，找不到足夠的幫手和助力。因此，他適時向外尋覓盟友，野百合學生運動、反刑法 100 條公民運動和在野的民進黨就是被李登輝「善用」的外來改革勢力去阻擋國民黨內的反撲力

量。在 1990 年到 1996 年之間，李登輝在黨內稱不上是一位「民主」和「人和」的黨主席，但也因為如此，他反而造就了台灣的民主契機和落實。若不是靠外部的民主浪潮和力量和他的強勢和權術，國民黨的反動勢力恐怕不容易被壓抑。這的確是李登輝民主改革作為的第一個弔詭。

李登輝在掌權這 12 年當中，其實並沒有很成功地在黨內培養能繼承他民主改革精神和大業的有力接班人。先是宋楚瑜，後是連戰，都曾被視為李登輝法定接班人，但都竟然先後反目成仇。較外圍的如王金平、蕭萬長、江炳坤等被稱為是所謂國民黨本土派政治人物，也都一個個在後李登輝時代放棄改革心志，甘心妥協成為國民黨守舊勢力的「台籍」既得利益階級，完全發揮不了民主改革的作用。

嚴格說來，李登輝識人善用的能力，展現在不少智囊、幕僚以及外界好友身上。在培養接班的政治人物上，反而是不成功的。但李登輝第二個弔詭是，因為他沒能在國民黨內培育強而有力的接班人，形成黨內權力菁英的計畫培養和接續出現斷層；反而在國民黨外，創造了讓不錯的本土政治人才輩出，尤其是民進黨人才冒起的機會。

李登輝的台灣民主路線，還出現一個反諷。這個諷刺是出現在 2000 年政黨輪替之後的國民黨身上。第一次的政黨輪替，國民黨失掉政權，國民黨的跨代保守勢力終於找到反撲的機會和出口，將國民黨的失勢歸罪於李登輝，最後還將李登輝開除黨籍。但諷刺的是，開除了李登輝和他的民主改革路線之後的國民黨，從此卻失去了黨的發展方向和立即與台灣本土社會漸行漸遠。

坦白說，過去 20 年來的國民黨出現過馬英九「親中傾統」的 8 年統治，也出現過一年餘的韓國瑜「民粹主義」躁進，馬、韓的風潮可說是反民主和反本土的「後李登輝」國民黨路線的不幸逆流，這也從此大傷國民黨的元氣和在台灣社會的地位。

　　如今回顧李登輝肇建台灣民主化的曲折路，不難察覺它有兩個前提、兩個弔詭和一個反諷。而今他的政治民主、自由和國家自主路線，已在他出身的國民黨斷了線，卻是由原先他必須面對的反對黨——民進黨承續；相信它還會一路走下去。

22 反民主政權都愛控制歷史教科書

2015/10/15

我一向有兩個觀察：

一是經過民主化洗禮後的政權（黨），都怕再面對過去那不體面的極權／威權歷史；

二是如果一旦再執政，也都會千方百計控制國民的歷史解讀權，甚至再扭曲國家歷史觀，而用竄改和制定一黨之私的「統一版」歷史教科書。

台灣和南韓是兩個經歷亞洲第三波民主化的國家，近幾個月來暴發的歷史教科書事件風波，都證實了上述的鐵律。

台灣馬政府的教育部不顧修改教科書的程序正義，以黑箱作業竄改台灣歷史，要將台灣的自主發展歷史再次推進大一統的中國史，企圖將它變成中國史的支流。所謂「微調」其實是致命的意識形態大扭曲。在其中，對50年的「日治」，更不加思索地要將它帶進全民抗日、仇日的集體情結，特別以「日據」和「殖民統治」來描述那50年的台灣史。此一微調的現實政治意涵，讓人看來就是「親中仇日」和淡化國民黨的威權統治歷史。中國國民黨的一黨意志或許是如此，但沒道理逼全民，尤其是年輕學子去接受；所以就爆發了今年夏天的「反課綱」抗議事件。至今，教育部還不敢面對錯誤，仍想以拖待變，讓人不齒！

南韓的歷史教科書一向比台灣更僵化、更集體主義。對韓國統一觀不容挑戰，對日本殖民主義更是嫉惡如仇。我曾寫過一篇論文比較台韓高中歷史教科書對「日本殖民經驗」的描述和評價。我發現在台灣民主化之後的 2007 年教科書已對日本殖民在台灣的功過有了比較客觀的描述和評價，措詞較中性，也不再一味用國民黨的歷史教條來看日治。而對照之下，南韓在民主化之後的 2002 年教科書中，對日本殖民經驗根本沒有一句好話，在政治、社會、經濟、文化、藝術、音樂、生活各領域都出現「亡國滅種」怨恨，強調在日本殖民統治下，全韓人民都展現「反日」、「抗日」和「仇日」集體意識和行動。

　　近來更傳出，保守的朴槿惠政府更企圖從 2017 年起，由原本多種民間編訂版，改為統一使用的官方歷史教科書編訂版，目的是「讓青少年樹立正確的國家觀和歷史觀，糾正對歷史事實的錯誤記述，並消除歷史教科書理念的編向而導致的社會爭議」。換句話說，高中歷史教科書可有八家不同出版社編寫出版的現狀，將只剩由教育部國史編纂委員會統一編訂本。此舉立即被學生、教授和反動黨抨擊，視之為倒退的獨裁時代舉措。結果，也出現了南韓版的「反課綱」抗爭運動。

　　雖然南韓政府舉例說現行民間版教科書太左傾，也對北韓政權太縱容；但明眼人一看就知道，朴槿惠是有企圖重寫和重新定位她父親朴正熙的極權和反民主統治史。朴政權的「反左傾」藉口，不就是「右傾」的證明嗎？

朴的「新國家黨」和馬的「中國國民黨」都在兩國民主化巨變後，再次獲取執政權，而且也都因怕見歷史真相而企圖竄改歷史。這就是台韓「反動政權」對民主、多元普世價值的反撲。但我相信兩國民主力量在 2016 年也都會再次反擊，讓民主重生。

23　光州與美麗島

2014/12/10

　　上週六我去高雄參加「美麗島事件 35 週年人權國際研討會」，並對台韓兩國民主化經驗做比較評論。讓我驚訝的是來自南韓對光州事件知之甚詳的南韓學者、作家和公民組織領袖對台灣的美麗島事件相當陌生；其次是主辦單位沒有安排台灣學界或民主人士在會中深究美麗島的時代意義，並藉此向南韓民主友人進行較實質的交流。這確實是一件憾事。

　　其次，我另一個立即的感想：南韓人士念茲在茲的是 1980 年光州事件單一「抗暴」本質；而對 1979 年美麗島事件的「爭民主」長期意涵，似乎沒什麼感覺和瞭解。在我看來，一時的抗暴和長遠爭民主當然有關係，而且應該釐清和深入探討的是「光州抗暴」對南韓 1980 年代之後的民主抗爭所帶來的「開第一槍」作用，以及美麗島鎮壓遊行，和對台灣 1980 年代以降的民主抗爭所引發的啟蒙和喚醒作用。

　　在會中，我也針對台韓民主化的異同做了進一步的對照和比較。

　　第一、南韓學界甚至許多西方學界都有一個錯覺，以為南韓民主化是由下往上，台灣民主化是從上而下。我在會中嚴正指出台灣民主抗爭絕對是由下往上抗爭的典範，而且是由自由派知識分子、文人和民間社會運動團體帶頭「起義」。這是早從 1970

年代中葉開始的台灣文化覺醒和認同運動，歷經 1980 年的社會抗爭運動再到民進黨的 1986 年組黨，解嚴後的廢報禁、廢黨禁，再到反國安法、廢刑法 100 條和修憲；以至 1996 年總統直選和 2000 年第一次政黨輪替。如此近 30 多年的激進民主抗爭，那來所謂的從上而下的民主化？

我猜想南韓和西方學界只看到南韓戰後的朝野政黨鬥爭史，就直覺認定了它是一個由外向內或由下往上的抗爭史，而又不知台灣早期的「黨外運動」不也是另一種由外向內和從下往上的政治抗爭典型嗎？要能看到台灣的民間公民社會運動和黨外抗爭，就要靠社會分析和透視，不能光憑政治的表面觀察。

再往細看，台灣的民主化還有一個「妙處」，那就是社會力先於政治力（政黨鬥爭），而且是因為有社會力抗爭（1990 年以前），才有朝野政黨的角力。但南韓卻是朝野政黨抗爭不斷，打開政治自由空間，才讓社會力爆發。這麼說來，台灣民主化經驗怎麼不符合「從下往上」抗爭的標準呢？

第二、台韓民主化對兩國國家認同的轉變也有「大不同」的影響。南韓全國對兩韓統一的未盡理想念念不忘，認為那是二次戰後和韓戰後的「國恥」。民主化後朝野兩大勢力即保守勢力和進步勢力對統一基本態度沒變，只是進步派反而更熱衷統一，保守派反而日趨保留務實。但是台灣的民主化卻讓台灣自主獨立意識抬頭，對所謂統一益發反感和抗拒，這就出現台灣進步派主打台灣認同和獨立，而台灣保守派仍死守中國統一的兩極政治光譜現勢。

韓兩國民主化經驗當然還有不少可以再細探深究之處，像是宗教力量在台韓所扮演的不同角色，「區域恩怨」vs.「族群矛盾」的不同政治發酵作用，以及在兩國轉型正義實踐程度的虛實真偽等。

24 開放國會要多開放？

2021/12/12

「2021 開放國會論壇」國際盛事在日前於台北召開。此次國際論壇最大特色除了有 10 位來自波羅地海三國國會議員親自與會，友邦貝里斯國會議長和墨西哥參議員等 2 位有參加之外，另有來自其他 14 國的議員參與線上討論。台灣的與會者除立委外，也有不少是長期關心和投入國會監督和開放國會目標的公民社會組織領導人。臺亞基金會榮幸與美國的國家民主協會（National Democrartic Institute）、立法院和外交部共同主辦。我兩天全程參與，聆聽之餘，在會後有不少心得，想想值得分享給更多沒有機會親臨盛事的有志人士。

兩天議程分六大主題和兩個特別專題。讓我分別依序提出我的觀察和迴響：

主題一：透明、信任和多元參與與開放國會。無疑這三個元素是構成開放國會，甚至開放政府的關鍵指標，與會者有高度共識。下一步的挑戰是如何將它們制度化到民主的國會體制和運作機構當中，而成為開放國會的制度內涵。

主題二：國會如何對抗假訊息？國內外發言者均同意，愈開放的國會，愈能有效防範和抵制來自國內外的假訊

息威脅。同時，大家均主張，當下的假訊息之害，只會增加，不會減少，民主開放的國家尤其是此禍害的首當其衝；必要而有效的立法、行政、司法防治手段不可或缺。台灣的查證核對新聞公民社會組織更是相當有必要。在這主題下，俄羅斯和中國一再被指出是全球釋放假訊息的兩大元兇。

主題三：台灣和波羅地海三國民主最前線的經驗交流，在這場的討論中，最大的教訓是我們不能視民主為當然，以為一旦建立了就永遠會擁有。我們必須對新民主體制加以呵護、保障、持續、健全，甚至有時候在內外危機下去救援民主。

主題四：開放國會如何監督行政部門？這個主題其實是長期以來的老話題，其精神就是立法與行政的有效而制度化的制衡。此一制衡當然需要公民社會的助力；同時，國會也應時時自我檢討、自我約束才能讓此一制衡合理和有效。

主題五：公民社會如何支持開放國會和開放政府？這個主題將公民社會當主角是很有創意的構想。我最大的心得是公民社會組織其實有雙重角色，一是可與行政或司法相關部門攜手監督國會，二是又要與國會合作，制衡行政，缺一不可。我更深深以為，唯有公民社會組織能維持「自律」和「獨立」，才能雙面迎戰，甚至打贏這兩場戰爭。

主題六：國會與公民社會如何協力阻住政府貪污？共識之一
　　　　就是要建立一套有效的機制和規範，隨時而有效的
　　　　防範、監督、暴露政府部門的貪污行徑。我認為公
　　　　民社會也要防範和暴露國會的貪污，畢竟不只是行
　　　　政部門會貪污，事實證明國會也常常出現貪污。

　　另外兩個專題，一是國會如何因應 COVID-19 疫情？二是
開放國會的新機會與新挑戰。前者的結論是國會在必須扮演督促
政府行政部門的有效防治措施之餘，也不應該變成社會人心浮動
和混亂的來源。後者的共識則是既有新機會，也是新挑戰。新機
會如新訊息科技的興起、民心的求變、公民社會的積極性。新挑
戰則包括如何對內因應小黨在國會的需求，對外認真照顧少數族
群、弱勢階級、女性、老年、兒童的社會國民權益。

　　此一國際論壇的另一高潮則是在閉幕式由與會七國國會議員
和台灣公民社會組織代表共同簽署了一份「聯合聲明」，誓言努
力落實和精進今後開放國會的進一步諸多目標。

　　最後，我對台灣立法院和公民社會近年的努力具體建言給予
高度肯定之餘，也希望立法院內成立的「開放國會委員會」能對
外多開放，讓各界的多元參與能落實。而相關的公民社會組織（如
公督盟、口袋國會、開放國會、g0v、國際透明組織、台灣民主
實驗室）也應平時多加強彼此的聯繫和合作，為台灣和國際的民
主深化群策群力。

25　18 歲公民權 YES

2022/10/19

　　今年 11 月 26 日的九合一地方選舉，其實還附帶一項很重要的公民投票，那就是 18 歲公民權修憲案的複決公投。上（9）月 28 日公告期滿，立即交由中選會著手辦理。此項公民投票是在 3 月 25 日立法院跨黨派無異議通過，經過 6 個月公告後成案。這是台灣憲政史上，首次交由公民複決的修憲案，也是重新定義憲法中的「公民權年齡」，從現行的 20 歲降到 18 歲；但要獲得超過 965 萬張同意票才能過關。

　　在現今政黨生態下，在立法院跨黨派無異議通過，何等不易。在當時，就有人說風涼話，除了執政的民進黨外，其他的政黨都抱著自己不做壞人，讓公民投票決定能否過關。如果各黨都真有修憲共識，選戰迄今所有政黨和候選人也應該熱烈宣傳此一公投案，鼓吹選民去支持這項 18 歲公民權才對。但觀察選戰迄今的發展，除了蔡總統兼民進黨主席在不同大型場合多次公開倡議呼籲外，我似乎沒有看到其他政黨或候選人關心這次 18 歲公民權的修憲公投案。這令我相當不樂觀，甚至憂心此一修憲案恐會不幸腹死胎中。

　　18 歲公投案象徵台灣民主體制的另一步深化進展，它代表更文明、更進步，也更象徵著跨代的信任。全世界已經有超過一百個國家已實施了 18 歲公民權，台灣竟然屬於少數的一邊，也就是

最後 12 個國家把投票權仍訂在 18 歲以上；說來真是台灣民主發展的一個缺憾和不足。鄰國的日本、韓、泰、印度都是把 18 歲訂為有選舉投票權。

由於台灣的選舉投票趨勢一向是年輕者和首投族支持民進黨，年長者較傾向國民黨，因此長期以來，國民黨一直較反對公民權降低到 18 歲，生怕產生更多的反對派選民，這種一黨之私的反對考量，的確過於消極和不智，並非一個有志氣的「民主政黨」所應表現的態度和擔當。怕年輕人不支持，那就應該努力改變黨性黨格，爭取年輕人的認同才對。這種鴕鳥式的阿 Q 抗拒作風，實在不可取。

我國刑法早已規定成年是 18 歲，民法在 2020 年也下修成年年齡到 18 歲，明年 1 月 1 日起實施。也就是說台灣 18 歲的年輕人都已要完成國民義務教育、獨立繳稅、服兵役；在民刑法上，都要負擔完全責任了。父母在子女 18 歲之後，在法律上也不再負擔撫養義務，18 歲的台灣國民要名正言順的自力更生，要做成年人。既然是如此，為什麼他（她）們不能名正言順地行使投票權？

除了若干政黨的政治保守性，言行不一致地不大力公開支持投票權下降外，也有一般人的保守性，認為 18 歲還不夠成熟，恐做不了獨立自主的政治判斷。這根本說不通，如果 18 歲不成熟，為什麼敢讓他們服兵役、保衛國家？

所以我在這裡大聲呼籲，從今天開始所有投入年底九合一的大小政黨和 1 萬 9825 位候選人，要善盡你們的政治責任和義務，為 18 歲公民權的公投，做必要的倡議。

26 客家民心向背 30 年：從派系壟斷到多元政治

2020/9/7

　　日前，民進黨客家部主任周江杰向黨中央提出「2016、2020年客庄總統與立委選票分析及未來行動方案」。報告指出相較2016年，2020年的大選，民進黨總統和立委都大贏，唯新竹、苗栗、花蓮三縣得票不增反減，以及 70 個客家文化重點發展區當中，近 20 個民進黨區域立委得票率衰退（約 40 餘個鄉鎮持續偏綠），因此該報告主張應該加強培育當地年輕世代人才。

　　就政黨政治的人才養成而言，我們贊成此建議。但是該報告僅比較兩次總統和立委大選，又遭到少數媒體扭曲報導，刻板化客家選民「硬頸」地不願支持綠營。這種扭曲，對客家政治發展長期趨勢造成相當的誤解，值得檢討與釐清。

　　對台灣客家地方政治的分析，通常是以全國民意調查當中的客家選民意向、或是客家縣市及鄉鎮的投票結果來做為衡量依據。整體而言，客家選民比全國選民支持對象平均值長期較偏藍，乃造成各界對客家人政黨傾向的刻板印象。

　　其實，客家選民對綠營的支持率穩定上升，例如，在 2008 年後「單一選區兩票並立制」之下，投給民進黨不分區立委的政黨票逐漸上揚。另外，在地方選舉，特別是在 2010 與 2018 年民進黨弱化時期的縣市長選舉當中，客家 70 鄉鎮之綠營得票率，兩度超越全國平均值。

反之，國民黨的客家選票滑動平均在 2010 年的高峰之後逐漸下降。根據預測，現在就是客家鄉鎮藍綠翻轉的關鍵時期，因此，台灣社會各界應該打破客家鄉鎮多數仍偏向國民黨的迷思。

苗栗的守藍選情不等於全台客家

造成客家鄉鎮偏藍這個迷思，可能有兩個因素，第一個是若干極端地方案例被放大。例如藍營或親藍勢力在苗栗縣長期執政，甚至被戲稱為「苗栗國」，這就產生客家派系多數依附國民黨的刻板印象。確實，苗栗縣的政黨傾向呈現傳統地方派系國民黨化的典型，國民黨長期操縱地方派系，客家選票不僅平均值偏藍，也仍一直受到派系領袖與宗親宗長主導。

在地方政治勢力合縱連橫時，常出現類似西瓜偎大邊的 W 形震盪，會出現這種波折，顯示該地區選民沒有明確的政黨偏好。隨著派系在地方政治實力的消長、掌握政治資源的多寡、派系內的分裂程度、選舉制度改變、以及全國選情影響，使國民黨和民進黨得票比例上下大幅震盪，而非穩固版圖。

南桃園少數鄉鎮也有類似情況；不過，這跟民進黨長期忽略當地人才培養，沒積極灑下綠色種子，以及拿不出重整派系的策略也有關。不管如何，一個苗栗縣是無法用來代表其他客家選區的藍綠變化。

北客派系減弱與南客綠化趨勢

苗栗縣客家的偏藍也常常被拿來解釋新竹縣，其實兩地趨勢大不相同。在新竹縣，客家選區與非客家選區之間的投票傾向已趨同，以立法委員得票率在 1995 年到 2020 年的變化來說，所有鄉鎮都朝向全縣層級的平均值匯合，雖然新竹縣仍然藍大於綠，但不同人口結構的客家或閩南鄉鎮，其投票行為已越來越平均，所以不能老批評只有客家人偏藍，類似的趨勢也出現在新竹市、南投縣與雲林縣。

此外，相對於桃竹苗，屏東縣客家鄉鎮就非常支持綠營，遠超過附近非客家鄉鎮。在花蓮縣、台東縣、北桃園，雖然藍營得票經常仍是多數，但客家鄉鎮比該縣市得票平均值卻更偏綠營，這儼然是一種客家庄綠化的代表個案。

它形成的原因可能與地方政治生態中，客家族群已傾向擺脫傳統宗親組織的箝制、開始對抗國民黨地方派系的主宰有關。因此，花、東整體仍舊偏藍的大局，也實在不能只怪客家族群。

城鄉差距應對症下藥

對客家鄉鎮政治趨勢老是造成偏藍誤解的第二個因素，可能根本是肇因來自城鄉差距擴大的影響。例如，在台中市與高雄市的「原縣區」客家地區，民進黨的得票率提升速度遠低於非客家地區，甚至原來支持綠營的鄉鎮有反轉。我們判斷，這是因為縣市合併升格影響了原縣區客家庄的政經資源，以致產生不滿和離心力。

因此，城鄉差距擴大導致投票傾向分化。例如，2010年後台中市原縣區的新社、東勢、石岡、和平，以及高雄市的美濃和甲仙，在2018年與2020年綠營選票皆有衰退。但是根源不能說是來自族群，而是區域衰退的相對剝奪感，這種整體趨勢其實也出現在花東。

過去學界或政界做出客家選民偏藍的分析，只是重複2008年以前對客家鄉鎮地方派系被國民黨壟斷的刻板印象，完全忽略過去十餘年不少客家鄉鎮已逐漸偏綠的變局。另外，由於少數客家區域如新竹縣、苗栗縣與花蓮縣的綠營選票還遠低於全國平均值，造成統計偏向極端值，而忽略屏東縣或東部客家人已經比非客家群體更偏綠的綠化趨勢，也未透視桃園與竹北等都市化發展區域削弱地方派系的正面影響，或是台中市與高雄市升格後城鄉差距的相對剝奪感之負面後果。

總之，未來十年，客家地方政治可能即將面對藍綠反轉的政治生態劇變，不只民進黨，台灣各政黨都應該積極培養客家青年世代的多元政治人才種子，以掌握地方政治機會，並正視城鄉差距擴大的後遺症，而非老是操弄族群的刻板印象，才能對症下藥。

周錦宏 中央大學客家學院院長
林宗弘 中研院社會所研究員　　合著

27 三分天下：台灣客家族群政治的新視野

2022/11/13

　　從 1992 年台灣國會全面改選以來，每逢選舉，客家選區都是兵家必爭之地。然而，客家政治研究仍有若干迷思和誤解。最近，我們三人合著的新書《三分天下：台灣客家族群政治的轉型》試圖挑戰這些論述。我們認為三次政黨輪替之後，客家選民已經出現政治重組，政治傾向走向「三分天下」。除了泛藍派系仍然控制苗栗、花蓮，屏東偏向綠營之外，主流客家選民則是藍綠兩黨競爭和力爭的中間選民。此外，隨著客家族群已充分融入台灣認同，其整體政治傾向預期會漸漸由藍轉綠。

客家選區的民主轉型

　　民主理論認為，選舉的核心現象就是統治權力的不確定性，多個政黨或候選人在選舉制度下彼此競爭，競相提出政見並面對下台風險。選民獲得更多的政治承諾與公共財的供給、或懲罰貪腐的政客。相反地，統治者靠一黨專政、宗族血統或個人忠誠來延續政權，甚至終身執政，則是獨裁體制的特徵。因此，民主化理論用兩次和平政黨輪替來做為民主鞏固的標準。

　　若將這個標準套用到台灣地方選舉史，雖然中央政府已經三次政黨輪替，泛藍仍在不少縣市長期執政。根據我們的計算，從 1980 年代以來，台灣本島的花蓮縣、台東縣與苗栗縣，從未選出

過泛綠縣市長。這些選區與客家文化重點發展區或有重疊，因而就造成了對客家族群「偏藍」的「刻板印象」。相反地，黨外或民進黨執政時間較長的屏東縣和宜蘭縣等，則卻都出現過兩次以上的政黨輪替。

民主轉型與客家選民的「刻板印象」

為何泛藍陣營的領導人，可以在地方上長期執政而未能輪替？若林正丈與吳乃德的研究都曾指出，國民黨的威權政體透過黨國體制及地方派系交換利益，以控制地方選舉結果。蕭新煌等人也認為國民黨運用壟斷性產業的特許證照，分配經濟利益給地方派系，此種恩庇關係就是讓地方派系效忠的關鍵機制。

簡言之，台灣的民主轉型，就是由國民黨與地方派系結盟的威權政體，步步轉型為現代政黨競爭的民主政體，台灣認同已逐漸成為主流。然而過去的選舉研究，仍然對客家選民製造了一些刻板印象。首先，客家民眾平均比較偏好國民黨或泛藍陣營。此外，劉嘉薇針對客家選民的調查顯示，與全國選情類似，客家選民也出現「北藍南綠」的分化版圖。我們的《三分天下》一書則在「北藍南綠」之外結合民主理論，提出了「政黨競爭」、「派系主導」與「轉型客家」三種關鍵政治模式的相互作用動態。

客家選民三分天下：政黨與派系的辯證

《三分天下》第一類的「政黨競爭」模式以屏東縣為代表。

屏東縣自 1997 年起均由民進黨執政,縣長主要還是為閩南籍,客家籍縣長有兩位,邱連輝只擔任一屆,吳應文則是代理縣長 1 年多。屏東縣的台灣認同強,而且客家選民比閩南選民還綠,這已顛覆一般認為客家選民偏藍的迷思。

第二個客家政治模式是「派系主導」類型,以苗栗縣和花蓮縣為代表。這兩個縣工商業較不發達,缺乏就業機會,導致人口外流和超高齡化。傳統宗親組織與地方派系頭人的個人恩庇關係強,即使政治人物脫黨參選,在泛藍黨派或無黨籍之間遊走,也能獲得選民支持,地方派系恩庇關係真的大過對黨的認同,所以我們稱之為「派系主導」。

第三個模式是「轉型客家」,包括高雄、台中與桃園三個直轄市,以及晚近人口激增且工業化的新竹縣市。「轉型客家」區域的政治特性,是從傳統宗親、派系政治逐步轉型為政黨政治。隨著都會發展與年輕世代移入,選民結構與政治態度產生明顯變化,中間選民增加,客家區域選情已向全國或全市政治趨勢。大環境的政治氛圍、制度變革、乃至候選人形象等因素,都會牽動客家選區的投票結果,而影響國、民兩黨的勝負。

客家中間選民與族群制衡?

轉型客家區域有較多的中間選民,常出現「鐘擺」與「分裂」投票,導致客家地區政黨版圖不穩定;藍綠皆無法取得絕對優勢,也可能讓其他新興小黨有機會獲得席次。

此外,過去吳重禮等學者曾提出「族群賦權理論」,即提名

客家候選人可以增加該地區客家選民投票率與候選人得票率。我們發現這個效應不只是單向的「族群賦權」。一黨提名客家人會有優勢、兩黨都提名客家人會使局勢平衡,我們稱為這是「族群制衡效應」。在這些效應影響下,我們認為此次桃園市、新竹市、或泛藍派系分裂下的苗栗縣,民進黨仍有問鼎機會。

隨著經濟發展與民主轉型,台灣逐漸成為亞洲最民主的國家之一,客家地方政治則是民主轉型的縮影。國家主權是民主制度的基礎,而民主才能保障族群多元發展。展望未來,客家族群應守護台灣主權與善用民主體制,利用「客家賦權與制衡」以及「政黨重組」等策略,來改變客家政治弱勢的處境,擴大客家族群的政治權力與資源,而其中,嚴肅培養新世代的客家領袖就是關鍵策略。

林宗弘 中研院社會所研究員
周錦宏 中央大學客家學院院長　　合著

28　強化全民國防，朝野有責

2023/1/15

　　正當中共軍事威脅日益嚴峻之際，加強國軍的軍事準備，以防堵共軍的輕舉妄動，當然是唯一而必要之途。大多數的台灣國民都應有此深刻體認和覺醒，也都願意為台灣國家主權、國防強韌和國家安全盡到應盡的責任。

　　強化軍備、革新戰力、充實軍力都是不可或缺的保台之舉。近年來，國防預算年年提高，向美購買軍備數額與內容也明顯精進，足見美國也相當正視防台的必要性。自從 2016 年小英總統上台之後，對於馬英九前朝在 2012 年將兵力來源改為募兵制，並將原先的義務役期的 1 年減為 4 個月的舉措，屢屢有來自國內外國防軍事專家進行改革的呼籲。

　　我在幾年前《自由時報》的〈自由共和國〉專欄就以「徵兵衛國與民心」為題，直指台灣民意不是像國民黨（藍）民眾黨（白）誤以為的只是在等美國和日本來保護台灣，而是主張恢復和保留義務役徵兵制來主動積極保衛自己的國家；更會在中國侵台時，願意為國家而戰，年輕世代也毫不卸責怯戰。恢復和延長義務役期限，也一直是國內外注意台海軍事局勢的各界所關心的必要制度改革。

我在去（2022）年3月1日總統午宴上也明白建議將徵兵役期延長為1年，也獲得國防部「本部已編成專案小組蒐集社會各界意見，持續研議」的回覆。

　　終於在去年底的12月27日的國安高層會議上，小英總統拍板「強化全民國防兵力結構調整方案」，自2024年開始恢復1年期義務役！我個人深表支持，也樂見台灣展現了「保台」的另一個有重大意義的改革決心。

　　在過去一週內，國際友台國家單位、機構和媒體不約而同對台灣延長兵役之改革，均給予肯定，還認為這是抗中和維持台海和平穩定之必要之舉。我追蹤一些報導和智庫專家意見之後，也發現國際間還期待台灣做進一步和更深廣的軍力、軍備「配套」政策和精進，如此才能完整達到小英總統向國人的喊話：「只要台灣夠強，就會是全球民主自由的主場，就不會變戰場，青年就不用上戰場！」

　　相對於國外的積極回應，國內在野的國民黨則有複雜和酸溜溜的反應，「戰鬥藍」（趙少康）高喊要在取得執政權之後翻案；「黨中央」（朱立倫）不著邊際、無厘頭地說「國防雖重要，兩岸對話更重要」；至於始作俑者馬英九則仍然執迷於他的「一中各表，維持和平」自欺欺人之想法，似乎對台灣國防和尊嚴不加聞問，更視台灣人生命為芻狗。

　　坦白說，國民黨上下自馬英九以降，早就心存以弱化台灣國防力量，來討好中共之念。馬英九和他國安兩岸人馬在2008年到2016年這8年所種下的惡果，早已讓識者心痛。至於若干媒

體名嘴為此嚷嚷說此一改革是受到美國壓力，甚至連國民黨新貴侯友宜都湊熱鬧開口說我們不要做強國的棋子，真是無稽之談。殊不知「自助」才能有「他助」嗎？

在去（2022）年11月底九合一地方選舉期間，國民黨和親中勢力就為中共傳聲，將台灣強化國家防衛能力，扭曲成為挑釁中共，將引發兩岸戰爭之虞；也將統一投降失敗主義當成「求和平、求穩定、求發展」的假象。

我相信藍軍甚至白軍在2024年的總統大選還會持續操作「票給民進黨，青年上戰場」的耳語，製造假消息，干擾台灣人心。政府和公民社會組織一定得有效動員「票投民進黨，不會變戰場」的正面策略，做為有效而正確的回應。甚至公民社會還應要求藍白兩軍正面回應「保台」和「投降」之間，他們的立場是什麼？同時，面對中共恐將啟動的「民主協商」統戰，藍白也應清楚認清對方詭計，千萬別陷入中共「投降協商」的圈套，而讓台灣萬劫不復。

我當然還是誠摯期待，朝野各方都能以國家尊嚴為重，在面對中共的軍事威脅和統戰伎倆之際，朝野都能對強化全民國防，建立共同負責的必要共識。

第 二 章

解析兩岸

01 「兩岸關係」口號大解碼

2015/9/14

俗稱「兩岸關係」的台灣與中國之間的關係,可說是全球當今國與另一國之間,或是分裂國家卻又未完全解決關係中最複雜、最擾人,也最動見觀瞻的國際問題。身在其中一邊台灣的很多國民,因為有了民主開放的體制,而且有思考和選擇未來前途的自由,更深受其間不確定性的困擾。因為這兩者關係不但左右個人國家認同,也干擾國際外交的地位,豈可不深思,更不可不慎選。

說是困擾,因為這兩者關係,從戰後迄今60年,已有了質變,台灣的「處境」更從所謂的「主動」變成「被動」,從「復國」和「統它」而到不願「被統」。而兩岸的主體也從「中華民國」vs.「大陸」變成「台灣」vs.「中國」。台灣取代中華民國,中國取代大陸,是從1980年代開始明顯化,當今更是難以動搖。而台灣人民對兩岸關係的集體意識大轉變,更是其中最值得關切的變項。

我自己是從1974年出國留學的第一年就開始對此大感困惑,也開始深切想為「兩岸」、「兩政權」、「兩政體」、「兩政府」,甚至「兩國」的關係去做定位的選擇,好讓自己的國家認同能定錨,也好讓自己能安身立命。40年已過,我的國家定位也經歷幾次大轉折,從最早期的「分裂國家並存觀」和「兩個中國」,到

中期的「民主 vs. 獨裁競爭觀」,再到「國家主權擱置給後代解決論」,然後到今天的「台灣主權國家確立論」。

我自己的國家認同轉變,固然有我私自心路歷程的主觀軌跡,也是我與台灣國家定位典範移轉互動激盪的結果,同時恐怕更是我長期觀察、目睹和反思中國 30 年來共產黨威權政權,對其從自卑、報復、自負和以鄰為壑和新帝國主義轉變的反感所致。坦白說,何止我個人在過去 40 年有如此巨大的心態和認同轉變?台灣和中國的政權也都因應各自國內和國際的變局做了調整。有的務實,有的務虛,有的根本是僵化。

回顧和整理兩岸政權,甚至台灣民主化後,保守和進步政黨對台、中關係的想像和意識形態,都產生調整和變化。

台灣的國民黨:最早是漢賊不兩立;反攻大陸;三不政策;三民主義統一中國;一國兩府;特殊國與國;不統、不獨、不武;一中各表;一國兩區;甚至反動到一中同表。

我對上述國民黨的諸多口號多是懷疑,少有感觸,大概只有「特殊國與國」比較能反映我的理念和心境。

台灣的民進黨:從台獨黨綱;台灣前途決議文;修憲;台灣正名運動;台灣主體意識;一邊一國;台灣共識;到不接受被統一的維持現況。

我對上述民進黨的訴求,比較認為反映了台灣本土主流民意的心聲,也比較凸顯台灣 30 年來民主轉型後集體國家認同典範移轉的事實。我也主張要修憲以符合當前國情,台灣的民主和自主底線不容妥協,維持現況也就是不接受被中國併吞。

中國的共產黨：從血洗台灣；武力解放台灣；和平統一；一個中國（一中原則）；一國兩制；反分裂國家法；九二共識；到台灣前途由全中國人民決定，再到以商圍攻，掏空和併購台灣。

　　我對上述這些共產黨的武嚇、文攻、霸凌和欺騙的口號，從來就沒有好感，也深不以為然，一則它們不符全球普世民主、自由、自決價值，二則它們違背台灣人民當家做主和民主立國的意志。因此，我呼籲國人要對中國的任何說法和行徑，心存戒心和防範。

　　當然，近年來也有一些另創品牌的兩岸解套口號，像是一中屋頂，兩岸一中；祖先不能選擇；兄弟之邦和兩岸一家親，台灣永遠中立等等。我對上述這些新口號雖保持開放態度，但始終不太能被信服，我總認為它們不是流於表面和膚淺，或是治表不治本，就是以為可以以一時口快來應付了事。

　　台灣前途是嚴肅的大事，處理台灣和中國的政治關係也不能只是口水戰，不可不慎思，更不可沒立場、沒堅持、沒策略。

02　台灣的底線

2015/3/30

　　3月17日英國的《經濟學人》（The Economist）寫了一篇文章，針對中國三位高官習近平、李克強和俞正聲在3月初中國人大會中連番發表的對台立場，而以「中國的底線」來描寫眼前中國的台灣政策。中國共產黨要併吞台灣的意圖明顯，路人皆知，《經濟學人》的筆調則是轉述北京政權的恐嚇口吻要台灣接招，尤其是要目前聲勢占上風，被預期可再度於2016執政的台灣民進黨迎面回應。

　　所謂「底線」就是談判的「底線」，有最後通牒的意味，超過此一底線，後果就要對方負責。中國的「底線」其實都是老套，而且是幾個口號輪番上陣，甚至看需要調換優先順序，目的都是在玩弄談判伎倆。一則要混淆台灣心無定見的傾（親）中的國民黨政治人物，二則想藉機先威脅可能會是下一輪談判對手的民進黨政治人物。

　　常常被中共提出來「威嚇」台灣的這些口號，包括「一國兩制」、「一個中國」（又稱一中框架）、「九二共識」等三個。對一些傾中、懼中、媚中的國民黨人士來說，上述三個方程式好像是從緊到鬆、從難到易。其實，看我看來，三者毫無差別，其核心不外就是中共併吞台灣，成為「一中」，這種「底線」絕非我們要的「底線」。

只剩「一中」，沒有「各表」

中國共產黨跟中國國民黨在過去幾年來的親密交往，就是在上述三個方程式玩來玩去。當中共宣示「一國兩制」或「一個中國」時，國民黨就拿出「一中各表」來擋；中共隨即不理「各表」只重申「一中」。因此，國民黨人就以為自己很聰明地以「九二共識」來凸顯「一中各表」的立場，而讓各說各話。

然而，中共近年來之所以偶爾會接受「九二共識」是因為已假設，甚至強迫國民黨同意「九二共識」的前半段，即「雙方都堅持一個中國的原則」（亦即台灣和中國都堅持要統一的立場），對於後半段，即「雙方可以不同的口頭方式表達」，中共根本不屑一顧。因為北京政權心知肚明，只要台灣接受了前半段的「一中」（不管是框架、架構或屋頂），那就坐實「統一為一國」是台灣唯一選項。

而那一國在中共心中無疑就是他們的「中華人民共和國」，絕非這邊的「中華民國」。而國際社會也絕對不會理解有所謂「各表」，或表述成台灣的中華民國也可以是一中。換言之，「九二共識」只剩「一中」，毫無「各表」餘地。

可是，很遺憾地，也很不幸地，馬政府卻一再像恍神地呼應用「九二共識」的後半段（各表）去自欺欺人，蘇起更是馬營中的馬前卒，自以為已經獲得中共首肯有所謂「各表」的共識。若干傾中和親大黨的國際人士也以「有用的虛構」來肯定它，但那恐怕不過是站在中方立場來騙台灣的。

但只要稍微認真去檢驗過去近 6 年來，在所謂台海兩邊以

「九二共識」做為交手的方程式下，中華民國（或台灣）有獲得中華人民共和國對我國起碼的尊重嗎？台灣（或中華民國）在國際上有爭取到比較多的政治和經濟生存空間嗎？中華民國（或台灣）的總統、副總統、行政院長、部長在國際組織和外交場合又可以有比較多和更自由的活動嗎？答案都是完全沒有。

馬政府在「九二共識」的虛假處方下，不但沒有回神，反而更中邪；被打壓、被欺負、被霸凌，還竊喜「雙方終於有正面發展」；大言不慚地騙台灣國民過去6年來兩岸關係穩定和平。只要明眼人一看就知道6年來台灣是一直「穩定」地被壓制；同時兩岸只不過是共同虛構出完全假象的「和平」而已。究其道理，是因為台灣的政府立場太軟弱了，已一味向中共輸誠。中國當然樂得有這種「穩定和平」可以「予取予求」。

6年多來贏家是中共，輸家是台灣，不但海峽航線由中共片面制定，連台灣總統怎麼去出國弔唁外國政要都要聽北京指示。但馬政府卻似乎沒有什麼感覺，還自我感覺良好，毫不反省，也無任何積極作為替台灣在兩岸交手中爭取應有的權益，徒讓中共占盡便宜，而使台灣人民徒呼負負。後果就是逼台灣新的一代和公民社會站出來抗議，這就是劃時代的318公民運動！

台灣底線六要件

顯然台灣人民已不接受國共兩黨片面接受的「底線」。為今之道，台灣必須也要提出自己的「底線」，做為今後重新出發的兩岸談判教戰大戰略。

台灣人民其實在過去十年已建構出以下幾個對中底線：

1. 台灣的民主絕不容被打折、被犧牲。
2. 台灣的前途由台灣 2400 萬人民決定。
3. 現況的兩岸是台灣（中華民國）和中國（中華人民共和國）互不代表、互不隸屬的現實狀況。
4. 兩岸現況要維持，兩岸關係也應該和平穩定發展。
5. 維持兩岸現況就是不接受以統一為唯一前提（或選項）的「一中」、「一國」原則或架構。
6. 兩岸未來關係的對話、交流和談判必須在民主、和平、安全和透明四原則之下進行。

台灣的各政黨當然不可違背台灣人民的上述底線；中國的共產黨既然說要「寄望於台灣人民」，那就必須尊重台灣人民的這些底線。

03 不容扭曲「維持現狀」的真諦

2015/3/2

　　「維持現狀」是台灣公民在面對與中國關係時，最時時掛在嘴邊的概念，既是體認也是態度，更是對策。近年來，台灣自主意識的提升和台民意識的上揚，對於「現狀」的定義和「維持」的作法，也明顯地發展出一系列邏輯互通、內容嚴謹的意索（ethos）潮流或民意結構。惟有認真釐清和掌握這些台灣國民意識、潮流和民意的核心內涵之後，才能建立必要的集體心防防衛行動，讓國人進一步確信自己的立場和信念，防範部分政黨和政客違規賣台和阻止中國越界侵犯。

　　依據各種長期民意調查資料，我們不難整理出以下各項所謂「維持現狀」民意在台灣人心目中的內涵和真諦。

　　首先，台灣人對台海兩岸與中台關係現狀的立場，是採取政治現況的解讀和國家體制的異同分析，而非緬懷文化、民族、歷史淵源或源流泛論。所以在台灣智庫（2014 年 6 月 28 日）公布的最新資料就出現兩項重要真實民意，一是 73.8％台灣主張兩岸是國（家）與國（家）的關係。

　　二是有高達 82.9％台灣人眼中，兩岸早已存在著各自獨立的國家，一邊是中華民國（台灣），另一邊是中華人民共和國（中國）。再對照政大選研中心的國族認同數據，在 2014 年已有60.6％台灣國民只認定自己是台灣人，不是雙重台灣人和中國人

（32.5％），更不是中國人（只有3.5％）的證據看來，對台灣人而言，兩岸各有自己的國家認同，也了然於心。

如果參照兩年前由21世紀基金會所做民調，當時就也有46％台灣相信「台灣是台灣，中國是中國，彼此互不隸屬」，24％主張「中華民國在台灣」，另有20％主張「中華民國是台灣」，這三者加起來已高達90％的台灣人體認到兩岸的確各有一個不同的國家體制，而非同屬一個國家，更絕不承認「台灣是中國的一部分」（只有2％如是觀）。

因此所謂「一國」的架構、框架或屋頂，看在當下台灣國人眼裡，都是謬論。台灣人的心中，兩岸不同國，是再清楚不過的現實，這就是「現狀」。

接下來是現況如何「維持」的大哉問。既然台海兩邊各有一個國家，互不隸屬、互不代表、互不重疊；各有國號、各有國境、各有關稅，我們的國民自然就不是他們的國民，他們的國民也不應該是我們的國民。

維持現況不就是維持上述這些「不同」嗎？根據政大選研中心民調中「維持現狀」的作法和選項就包括「永遠維持現狀」、「維持現狀再決定」、「維持現狀但偏向獨立」、「維持現狀偏向統一」，在2014年已高達85.4％（事實上，在20年前的1994年就已有72％了）就是在維持上述的「兩岸不同國」的現狀。

政大2014年的民調也顯示近半數台灣人有「拒統」傾向，而同樣的，台灣智庫的2014年民調已透露57％台灣根本不能接受台灣走向中國片面主張的「一國兩制」。更具體地說，任何向

中國傾斜的「傾統」，對台灣人來說，都是最嚴重的破壞現狀。至於要不要宣布台灣獨立，或是改國號為台灣，台灣人也會說，那是我們國家的事。所以說拒絕與中國統一或簡稱「拒統」、「反統」和「不統」，就是明確表態「維持現狀」的最關鍵之途。

如果台灣主流民意是維持台灣自主獨立的國際地位，所謂「一國兩制」的想像當然不能被接受。然而在中共威脅之下，馬政府為了虛名的「馬習會」，竟然公開宣稱「不推動兩個中國；一中一台」那已是違背台灣民意的不當言論。所謂「一國兩區」的台海兩岸關係定位更是萬萬不該與民為敵的行徑。

也因此，只有在台灣的台灣國民才決定台灣前途。所謂台灣前途「由全中國人決定」或是「兩岸人民共同決定」都是主流民意所排斥的誤國之論。因此，台灣人民絕不會任憑國民黨和共產黨來片面主宰台灣國家前途和人民命運。

或許有政黨和政客會說，現行的「中華民國憲法」畢竟還是一個「兩岸同屬一國」的憲法格局，因此，馬政府自 2008 年以來就一再引以為據，做為他「傾中」、「親中」施政的藉口。破解此一迷思的利器，就是藉上述主流民意之力，使力去修憲；讓這部「不合時宜」的過時憲法部分條文再次翻修，修到能符合台灣此時此刻的現狀，也好讓修好的憲法能真正保護台灣現狀，而不是一再被人耍詐去做為破壞台灣現狀的工具。

04 反統一，就是維持現狀

2015/8/10

李登輝前總統訪日，在國會眾議員第一會館演講，講的是「台灣的典範轉移」，重點是明確告訴日本朝野，台灣人的國家認同經過民主化的洗禮之後，已有了大轉變，從空泛的大中國（華）認同落實到有感有情的台灣本土認同。

現階段的兩岸關係是真真實實的「台灣是台灣、中國是中國」，而為了台灣的長治久安，他主張「應該徹底釐清台灣與中國延續半世紀以上的曖昧關係」。顯然他反對馬英九仍著迷「一中各表」的那種「模糊的創見」。

我贊成李前總統將這種新台灣國家認同的形成和鞏固視為一種典範的移轉。此典範的移轉也一再反映在為數甚多的民意調查資料，以 7 月 17 日才公佈的新台灣國策智庫民調為例，已有高達 76％ 的台灣公民認同台灣現況是「一個主權獨立個國家」，而且是在過去一年來有了相當明顯的躍升（上升 15％），看來太陽花運動對提升台灣國家的主權獨立意識，以及感到有責任去捍衛我國國家的意志，的確有直接的貢獻。

既然台灣主流民意是台灣是主權獨立國家，與中華人民共和國當然不同屬一國，在新國家典範下，也當然不會接受「一中各表」，更別說「一中同表」了。對台灣絕大多數國民來說，不管是什麼形式表述的「一中」國家定位，都是不相容於「台灣才是

我們國家」的深刻體認。當太陽花運動宣示「自己國家自己救」時，那個國家絕不是台灣以外的任何他國或外國。

　　既然台灣是我們的國家，這個國家的國民當然不會是別國的人民，也因此在台灣自認是中國人的比例從去年到現在，都只在7％上下徘徊，而自認為台灣人的比例已逼近九成，其中以20到39歲的台灣認同最高，高達95％左右，而在這些新世代台灣人當中，也平均只有1％會自稱是「中國人」，更尤甚者，在20到29歲人口中，表示未來願意與中國統一的已低到只有7.5％。

　　台灣年輕人愈來愈讓我佩服，年輕人主導的太陽花運動反服貿，才讓台灣免於進一步陷入「一中深淵」，也逼使台灣的代議民主懸崖勒馬，免於萬劫不復的沉淪。而正在如火如荼已看來不易短期收場的高中生反課綱運動，也一樣是反政府（從總統府到教育部）的黑箱決策，更高舉揚棄扭曲台灣史獨尊大一統一中基調的篡改課綱，他們要的是真實以台灣為主體，為國家認同對象的歷史課綱。

　　年輕人、中年人或是年長台灣人，只要有足夠的「台灣經驗」，都會深深體會以下事實：不提日治，光是從戰後到現在，中華民國政府若不是還靠著有台灣和澎湖金馬，哪能存活到現在？中華民國是台灣這個國家的國名，台灣和澎湖金馬才是中華民國唯一能行使治權、展現主權的國家領土！台灣是中華民國的實，中華民國是台灣的名，也只有讓台灣成為獨立自主的國家主體時，中華民國才有國家的生命！維持台灣的獨立性，才能讓中華民國獨立！

那些「反台獨」的恐懼或恐嚇論調，在中國是意識形態，更是文攻武嚇的工具，因為中國一向有統一、併吞台灣的野心。但在台灣自己的國家裡，竟然還有國民黨總統候選人以「反台獨」做為核心理念，她不但污衊原有課綱是所謂「台獨」的課綱，還竟然公開坦承「不能說中華民國存在」，心裡更是「反對台灣是一個主權獨立的國家」。這種既反台灣，又不承認中華民國的候選人，還想在台灣當這個國家的總統，真令人不可思議。

　　如果台灣已轉型為一個主權獨立國家的共識已扎實存在，它也是一個台灣新典範，那麼，任何動搖、破壞、扭曲此一現狀的舉措都應該被制止、被抗拒。維護在台灣的國家主權完整、捍衛台灣的國家利益，就是維持現狀的正當行為；也因此反統一、反併吞的立場和信念，當然就是維持現狀的必要集體意識和力量。

05 後「四不一沒有」、「三不」和「九二共識」

2016/2/29

我不知道蔡英文準總統的就職大典演說在兩岸政策上會說什麼，但我清楚，她絕不會，也不能步陳水扁（2000 年）和馬英九（2008 年）後塵，說什麼「四不一沒有」、「三不」或是「九二共識」和「一中各表」，當然更不該提到影射「同屬一中」（不管是什麼中）的促統論調。她或許會繼續吾道一以貫之，強調和詮釋她對兩岸關係的定位和願景，即「維持現狀」（定位）以及她維護我國憲政體制的立場（作法）。

前兩次的台灣總統就職演說內容，據了解都有中國因素介入，或是透過美國當事人傳話，或是由兩岸中間人的管道傳入。中國這次除了還想重施故技，想用美國智庫、親中台商和偏中媒體放話施壓，更已直接由外交部長王毅在美國智庫隔空喊話，希望台灣新政府「以自己方式表白願意接受他們憲法規定的大陸和台灣同屬一個中國的規定」，軟硬都要第三次執政的民進黨接受「一中原則」。但這絕對是不可能，也不應該的事。

只要回溯一下過去近 16 年的台中關係，在所謂「四不一沒有」的妥協、「三不」的軟腳、「九二共識」的自欺之下；中國姿態卻只有愈來愈高、態度更加鴨霸、做法也愈來愈粗魯。台灣的尊嚴絲毫沒有提升，兩岸政府的對等（平等）地位也絲毫沒被保障。

在陳水扁時代，對中國的打壓動作，還時有正式抗議舉動出現，到了馬英九政府，面對中國一再矮化台灣的小動作，卻連吭氣都不敢了。這種「忍辱」的作法，並沒能「負重」，反而被北京視為雙方的共識，而敢一次再一次猖狂欺壓台灣。

也就是說，過去民進黨 8 年和國民黨 8 年，不管對中國的政策口號有什麼不同，與中國的互動態度有什麼不一樣，對台灣政治前途又有什麼根本的相左，台灣所受到的雙邊和國際地位和待遇，卻沒有什麼絕對的差異。

進一步說，在一再迎合中國，一再暴露出「親中」和「傾統」的 8 年馬政權下，根本沒有為台灣爭取到比「疑中」和「傾獨」的陳政府更多、更具實質意義的「國格」和「尊嚴」。當中國對陳水扁政府的「不同路」政策不滿意的時候，就時時打壓台灣。當中國看到馬英九政府以「同路人」姿態出現的時候，反而更敢處處欺負台灣。

所謂要台灣政府正面回應「同屬一中」，對中國來說，根本是個假議題，對台灣則是個大陷阱。就算台灣討好中國，也得不到好處，只有愈陷愈深，成為中國的籠中鳥和囊中物。與其花太多心思在文字上一時被動地去應付中國的一中訴求，不如擬妥大戰略，化被動為主動，提出台灣對兩岸（台中）關係的願景（如對等和民主），並嚴正要求中國應該有責任共同維護台海的和平和共同發展。

這也是蔡總統回應台灣人民要當家做主的新民意和新意志的唯一正當作法。前兩位總統都以負面（不和沒有）表列消極地陳

述我國對中國的因應對策立場，這其實已是矮一截。我希望蔡總統能以正面表列，積極地揭櫫我國願和中國在什麼樣的原則下，建立什麼樣的正常關係。

前面兩位總統在處理台中關係上還有另一種不好習慣，那就是在文字上、口頭上「善變」。陳水扁在還沒有足夠深思熟慮之前，就在言辭上刺激中共而屢屢反彈。而馬英九則是處心積慮地違背台灣意志，在辭令上一昧迎合中共，卻更自討沒趣。我期待蔡總統能堅持她一貫的冷靜沉著態度，在大方向上穩定處理台中關係，不要輕易善變用詞。一旦真要有所變，那必定是要有助國家的定位和人民的尊嚴，而且也必須思定才後動。

06 台商在中國的宿命？

2017/1/24

我最近替一本英文社會學的「百科全書」寫了一則新詞，那就是「Taishang」（台商）。我指它是 1990 年代初以來的新興台灣跨國資本向外擴張的跨國行動者，原始目的是求企業的生存和第二春。跟全球的其他跨國企業比較，台商的企業文化和政商關係呈現一種很奇特的特色。

到了 2000 年以後，台商一詞變成很流行，而且在中國和東南亞的台商之間有了明顯的差異和區隔。最大的不同就是，不像東南亞的台商偶而還會幫幫台灣做一些外交遊說工作；中國的部分台商已根本不能或乾脆放棄為台灣利益／立場發聲，甚至成為中國統戰的傳聲筒或工具，反過來壓迫台灣政府去順從中國的「一中原則」和「九二共識」。

曾經被外國研究台商的學者期許為兩岸扮演「連絡社群」角色的中國台商，已似乎完全棄械，或主動或被動投降成為敵對政權的「馬前卒」。這個現象屢聞不鮮，過去的例子包括扁執政時，許文龍被迫發表一中聲明和旺旺蔡衍明對天安門事件和對中國民主的謬論。馬執政時在連任大選末期，多家包括 HTC 在內的親藍紅頂商人聯名支持「九二共識」等。

自去年 520 民進黨再度執政後，部分台商的「傾中行徑」更加速增加和怪異，其中幾個例子讓人難以苟同。一位台商聯誼會

長竟然回到台灣辱罵台灣社會奇怪，為什麼不接受中國的九二共識。一向支持社運組織的海霸王也無厘頭地聲明支持一中。毫無疑問，這背後一定有中共威脅利誘的因素。台灣的政府、媒體和社會一向抱著同情和寬容的態度看待，總是表示能體諒台商在中國寄人籬下謀生賺錢不易，不忍過於批評和責怪。

在我看來，這是似是而非的「和稀泥」立場。對中小台商來說，或許可以這樣看他們，但中共也從來就看不上他們這些中小台商的「統戰工具」角色，也從來不利用他們回台灣表態或混淆視聽。

兩年來，被中國或威或誘的都是台商大咖，他們成為統戰工具，是真的全都被迫使然？或是事實上也是他們在求取中共政權更多特權？如果是後者，那我們在台灣堅守台灣國家尊嚴和主權的民進黨政府和台灣人民怎可放任他們這些台商大咖為了私利而傷害台灣利益呢？總不能為了同情「被迫」的台商，而放縱「求私利」的台商。對那些「被迫的」台商，我們應該聲援；對那些「甘作馬前卒」的台商，我們就該指責。

若政府和媒體對這種台商行徑老是不動聲色，不就是擺明告訴在中國的這些部分台商，在台灣的朝野所堅持的台灣主體性其實是說假的，不是玩真的。那些在中國賺大錢、享大福的台商當然可以玩兩手策謀，兩岸通吃，而毫無保護自己國家的利益觀念和意識。有時，我還真會懷疑他們的國家認同倒底是什麼？

台商不外就是在海外的台灣商人簡稱，他們原來的本質照說應該是「台灣優先」。但為什麼台灣商人到了中國以後就變了，

一點都不心向台灣？這些部分台商不但會站在中共政權向自己的政府施壓，甚至回到台灣還「危害」台灣的社會和消費者（如頂新毒油之害）。這難道就是台商在中國的宿命？還是因為台灣政府和社會寵壞了他們，他們才變成這樣？

07　中國密謀「沖獨」的背後？

2017/2/5

　　相信全世界的人都聽說中國一向「反獨」。對「藏獨」、「疆獨」、「台獨」這三個「獨」尤為感冒。但以上三個「獨」根本就是這個政權強權「逼」出來（藏、疆），或是莫名其妙「反」出來（台）的。

　　但萬萬沒有想到，中國卻對日本沖繩的獨立運動情有獨鍾。我對這個現象本來沒有什麼特別的注意，但直到去年底，當我規劃一個有關琉球研究和沖繩現勢的小型研討會的時候，我發現一個有趣的秘密。

　　我在社會所的法籍同事推薦了兩位寫沖繩獨立的日本作者，我覺得很有興趣，原也想邀他們來台灣參與會議。但又聽他說，這兩位沖獨作者與台灣的新黨人士交往甚密，來台灣的行程也都由他們安排。這消息讓我很納悶和不解。為了這場研討會不致被新黨或泛藍拿去做文章，或藉機做政治宣傳，我決定不請那兩位寫沖獨的日籍學者。

　　新黨在台灣是「促統反獨」急先鋒，怎會會去跟外國的獨立運動做朋友，還明暗支持呢？這種難道就是政治上的雙重標準？我心裡又想到，新黨跟中共一個鼻孔出氣，難道中共也對沖繩獨立有興趣，這背後有什麼政治動機和陰謀呢？為什麼新黨和中共一方面「反台獨」，另一方面卻又支持「沖獨」呢？他們真的支

持「沖獨」，還只是在「反日」呢？

這個疑問終於在日前的一份新聞報導解開了謎底。據報導，日本公安調查廳 2016 年度報告顯示中國的大學和智庫正有計畫地加強與沖繩獨立組織的關係，企圖影響日本輿論，散佈中國所主張的「沖繩主權未定論」。在這論述下，「琉球是中國的藩屬國，並非日本的一部分」、「日本 1879 年對沖繩的併吞是無效的侵略」、和「沖繩主權未定論」就紛紛出籠，成為中國或明或暗支持沖繩獨立運動的立論基礎。

也確實是如此，中國的黨媒《環球時報》和《人民日報》就曾一再出現「沖繩主權未定」的論調。

中國對沖繩獨立有如此的偏好，台灣的新黨也對沖獨人士示好，除了有共同的「反日」（分裂日本）立場之外，恐怕也有另一層「反美」（反美軍基地）的背景。

如果中國真的是站在人民自決的思想上支持沖繩獨立，這還有一點人權的色彩，但這種為了反日和反美才暗助沖獨，那實在太不上道了。對照中國如何打壓自己國家境內的「藏獨」和「疆獨」，以及對國家境外「台獨」一再暴露併吞野心，卻又支持日本的沖繩獨立，那更是令人不齒。再說，上述提到的三個中國大咧咧提出的支持沖獨三論述，如果改寫一下，不也正是中國應該支持「台獨」等獨運的道理嗎？

08 抓人無理，哪來「融合」？

2017/4/22

　　很巧，就在台灣 NGO 工作者李明哲在中國被抓走 1 個月，中國政府迄今沒負責任給任何交代之餘，一本由中國對台灣的統戰機構（中評智庫基金會董事會）出版的刊物（中國評論）卻以「融合發展：推動和平統一新思路」做為封面主題。乍看之下，更顯虛偽。所謂「融合發展」，原來是習近平繼「兩岸一家親」、「兩岸命運共同體」、「兩岸心靈契合」之後提出的統戰廣告新辭藻。

　　「中國評論」在台灣的總代理以台灣中評通訊社會有限公司之名，設址在台北市羅斯福路四段 68 號 6 樓之 13。我說這份刊物是中國在台公開發行的「統戰工具」絕不為過。每期內容中，也都固定有一些台灣的「親中擁統」熟面孔人士寫文章或參加他們主辦的座談會，固定每期出現的人名大概在 10 人上下。

　　他們的論調並沒有太多新意，不外就是「擁護支持和平統一」、「兩岸統一是血統、文化和歷史的命運」、「台灣獨立走不通」。這些八股，大概就是北京對「中國評論」的指令，也是台灣統派對中共表態的「通關密語」。

　　比較讓人有興趣去注意的是中國政府和台灣統派對所謂「和平統一進程」所提出的「途徑」在最近的語彙變化：那就是不再提「統合」，而改口說「融合」。「統一」是他們的目標，「統合」

和「融合」則是他們對手段和過程的說詞。

　　過去 10 年流行的語彙是統合，在台灣還有一個親中派成立的「兩岸統合學會」的組織，其背後的動機大概是想用比較溫和的「合」取代霸道的「一」，但總不忘情「統」；現在竟然連「統」都捨棄，改用更「軟性」的「融」，倒底背後用意又是什麼？我猜不外乎是中共統戰上下，為了呼應習近平，在身段和語言上的變化而已：放低姿態、調整用語，但腦袋變不了。

　　面對 2016 年台灣總統大選中，親中的國民黨大敗，台灣全民意識上揚，天然獨新生代尤其扮演關鍵因素，中共當然不會無感。接著，蔡英文總統拒絕接受「九二共識」，這更讓中共和台灣的親中勢力下不了台，甚至苦惱和惱怒。但他們也只能在表面功夫上動腦袋：從「統合」變為「融合」。

　　前者較重抽象的「政治、社會、文化」的「合」，後者看來較重現實的「經濟」的「融」，所以提出來的不外乎是要吸納台灣到中國主導的「一帶一路」、「亞投行」以及在中國的各項經濟社會建設。

　　我認為在「兩岸服貿」破局之後，上述這些新招恐怕也都難起什麼誘因。只要中共不接受民主、人權、法治，台灣人民是不可能那麼輕易上當被「融合」的。再說，無理抓台灣人，兩岸哪有可能「融合」？

09 台灣高中國語文的「文言文比例」要降多少，干中國何事？

2017/9/13

上週日（9/10），教育部召開課審大會，針對 12 年國教的普通高中國語文課綱「文言文 vs. 白話文」比例是否要調降的爭議進行投票。

教育部課發會研修小組規劃了文言文比例小降的幾個修正案（如降到 30％，降到 40％～ 50％，30％～ 40％，以及全刪等方案）。結果，45 人出席的課審會開了一天會，並未對「研修小組」所提文言文比例一併投票和確認。以致等於直接視「研修小組」的「建議案」為當然。

我猜想，如果課審大會對「研修小組」之建議案也投票，大概不致不「過半」才對；但缺少此一民主過程，還是讓人遺憾和非議。高中國語文內容文言文比例訂在 45％～ 55％，畢竟是比過去到現在的 65％低一些。而且我也相信既然「民意」是傾向再多調降，那麼在實際操作時，大可就以 45％為文言文內容比例的上限，不要讓文言文高過白話文。

未能一舉讓文言文的比例降更多，真的讓很多學生、教師和期待國語文教育更能符合時代進步需求的學界、公民社會和輿論公民失望。也讓過去近月來「文言白話爭論」會再持續在社會發酵這畢竟事關台灣國家教育內容改革方向和前途，不可能一次定江山。

不管兩派再怎麼爭論，那也是台灣教育界公民社會和教育行政之間的事。任何台灣國內教育改革，都事關台灣國家的未來發展。但那都是台灣國內各界要認真思考的責任，根本輪不到他國的任何人來說三道四。

　　台灣的高中國語文課程怎麼分配文言文和白話文跟中國什麼事？就像美國、加拿大、澳洲這些英語系國家要怎麼教他們的英（語）文一樣，又干英國什麼事？英國又何曾置喙？

　　但是，《中國時報》竟然莫名其妙地在9月8日用半版篇幅以「修課綱去中，形同逼大陸武統」來引射此次「文白比例的爭論」，又是台灣蔡政府的「去中國化」陽謀。但觀其報導內容，卻都是在北京「中國國民黨革命委員會中央委員會（民革中央）」舉辦的「台灣教科書課綱的變遷與評析」論壇，莫須有的一如台灣的親中傾統勢力將前一陣子台灣高中歷史課綱「撥亂反正」將台灣史、世界史和中國史分開的作為，視為「去中國化」，中時顯然是有意引狼入室，用中國來恐嚇台灣。

　　這篇報導內容根本未涉及「文言 vs. 白話」爭議，但中時卻魚目混珠、信口雌黃將此次國語文課程內容的專業討論，扯上「一中」、「去中」和「武統」惡意拿他國武力侵犯來嚇自己的國人，真是居心不良，心術不正，實在很不道德，更嚴重違反媒體的專業精神。

　　果不其然，在學審會投票後的次日（9月11日），中時又在焦點新聞版再次惡意扭曲投票結果視為是消除去中國化疑慮和大陸武統台灣的因素，避免兩岸關係的再生波瀾。其心可議！其傾

中、親中立場又再次在此次事件暴露出其甘心做為中國極權政權的馬前卒和打手，更令人不齒。

10 期待台灣與日本的民主同盟

2015/11/30

　　我長期以來對台灣的國際關係，時有關心和觀察，其中對美國、日本、中國和東南亞也比較有點心得。從李登輝、陳水扁到馬英九歷經三個政府，前後 20 年的台灣對外策略中，對上述四國（區域）的輕重緩急，似乎各有想法。

　　李登輝念茲在茲的是走出去，也比較有國際格局，對日本和東南亞頗有突破。陳水扁繼續李登輝的路子，對日本很認真、對東南亞也有心。李、陳對中國都採取防備，保持距離，甚至不太理睬的態度。所以中國對台當然不只常口出惡言，也屢有惡行相向，以致「兩岸」時有「緊張」局勢出現。看在國際眼裡反而像真正的「兩國」相抗衡，頗有對等的態勢，但卻惹得美國七上八下，生怕台灣像脫韁之馬，衝過頭。

　　到了馬英九，卻一反前兩任政府的國際觀，一頭鑽進中國框架，以為穩定「兩岸」就能打開「世界之窗」。殊不知，卻因此敵日疏美，不見東南亞，也看不到歐洲。最重大的後果則是讓全世界誤以為台灣已甘願成為中國的一部分，這種向中國委曲又求不到全的投降政策，後患無窮。連虛構的「九二共識」中的「一中各表」到了這月初的馬習會，都變了調，只剩沒有各表的「一中原則」，也將中華民國的神主牌給丟了。

馬朝的這種「懼中」和「親中」路線，讓美日兩國很感冒，也讓歐洲對台便宜行事，更讓東南亞對台不敢有任何正當的主張，也不再把台灣放在眼裡。總而言之，馬政府的國際關係政策可說是矮化台灣、喪失尊嚴。

　　如果我們把鄰國日本當做一個個案來討論，也不難發現日本在李陳兩政府時代的對台「實質外交」策略，頗為正面而多樣豐富，也始終把兩國的關係放在比較長的歷史脈絡去看待。而且日本也像美國一樣，是全世界各國當中，會把與台灣的關係跟「民主」拉上線、掛上勾；主張與台灣的關係，具有著「民主價值同盟」的本質，而不只是所謂經濟、貿易、文化、觀光的實質利益而已。

　　也因此，我在 2000 年陳水扁執政之初，就極力主張台灣一定要先有全球和平的視野和區域民主的策略，再把中國關係放在「國際—區域」架構中去布局、去謀略。在國際布局中，美國是關鍵，而在區域策略中，日本是重點，其次是東南亞。

　　遺憾的是，在陳主政 8 年與美國的交道屢屢受到不信任的回應，但與日本的交往卻還算平穩有成。兩位駐日代表（羅福全和許世楷）都表現傑出，人脈暢通，兩國交流也可觀。不過，我也觀察到，除了人脈網絡之外，好像還缺了比較制度化的交流安排，有「點」，沒「線」、更沒「面」。當然也缺少在高層次的安保戰略隱然同盟之下，建立穩定和可長可久的中堅層次民主和平同盟扎實網絡。

　　結果是，馬政權上台，上述的台日人脈不見了，台日的安保戰略與民主和平同盟也弱化和空洞；甚至在馬的「親中仇日」心

結下，台日關係陷入冰冷期。不但學者所倡議的台日經濟一體、台日安保對話和駐派雙方機構的正名毫無成就；就連雙方國會、學術、智庫、文化交流也都不敢大張旗鼓，在民主同盟的旗幟下有系統地深化。坦白說，具象徵意義的「台灣民主基金會」對中國的人權民主都不敢聲張批判，更不敢聲援中國的民主人權運動或頒給年度的亞洲民主人權貢獻獎，國民黨政府還有什麼身分和面子，去和日本大談亞洲的區域民主呢？

但我從民進黨總統候選人蔡英文的 10 月初日本行，看到一些契機，而她之前所主張的與全世界的民主國家建立夥伴同盟的外交政策，更符合了我上面的期待和看法。但唯有台灣自己的民主可以在 2016 年獲得再生和鞏固，台日的民主同盟也才可能如期重建和深化。

11 看蔡習「對話」

　　蔡英文總統在元旦談話搶先「告中國習近平書」，讓習錯失先機，也使得他的「告台灣同胞書」（1月2日）處在被動地位，更讓小英總統不必再回答中國考卷。現在，反而是北京必須更「得體地」填一填、答一答台北出的考題，而非憑對台辦的一句「大放厥詞」就能說服台灣國民，或是讓自由民主世界聽得進去。

　　從1月1日到1月2日的兩天兩岸過招，又再次讓全世界深深體會，真正的「麻煩製造者」是中國，而不是台灣。道理很簡單，對崇尚自由民主的全球主流思潮來說，中國與台灣的爭端早已脫離70年前的「內戰」格局，而是屬於區域，甚至國際爭議的本質。既然是如此，台灣在2019年之始率先開出解決爭端的「四個必須條件」，亦即1.相互正視彼此的政治存在；2.尊重台灣的自由民主；3.以和平對等原則來處理歧異；4.政府對政府雙邊對談。在國際社會看來，理應合情合理。

　　但是中國的習近平在第二天拋出的「習五點」，卻完全不具全球和平締造用心，仍死守「內戰」心態，所提的「歷史遺留創傷」、「一中原則」、「一國兩制」、「中國人不打中國人」、「不承諾放棄武力」、「中國人的事由中國人自己決定」和「兩岸同胞心靈契合」，不是老調重彈，空洞無實，就是口是心非、不攻自破，甚至是口蜜腹劍、笑裡藏刀。

尤其是習所提的兩岸各政黨、各界推舉代表人士，就政治問題與和平統一進程進行對話溝通和民主協商，更是令人匪夷所思。因為它所謂的「對話」、「溝通」和「民主協商」，卻有三個先決條件：一中原則、九二共識和反對台獨。有了這三個具高度排斥性的條件，還能寄望什麼對話、溝通和協商嗎？反民主的中國政府懂什麼「民主」？對統戰鬥爭起家的中共來說，「協商」不過是「欺敵」的另一說詞。

　　或許在親中媒體眼中，小英總統的「四必須」和「三防護」是「敵對」的講話，並無建構兩岸友善對話的意圖，這又是典型的「罵自己人給敵人看」的失智回應。這些媒體真是相信中共曾有過一絲絲對台灣的「善意」嗎？更令人好笑的是習竟然以「心靈契合」來期許台灣人民。蔡總統很直白地批評，「豬瘟疫情不通報」、「施壓國際企業塗改台灣名稱」、「買走台灣邦交國」、「軍機、軍航繞台」怎麼可能帶給台灣人民的心靈契合？我深表同意。

　　小英總統對習近平的回應，直接了當地說出民主台灣的立場和底線。一是絕不接受北京定義下，消滅台灣國格的「九二共識」，二是絕不接受早已在香港實驗證實早已破產的「一國兩制」。在我看來，也相當明白地反映了絕大多數台灣民意。

　　習的北京版「九二共識」也直接打了國民黨一干人的臉，向來中國心中只有「一中」、沒有「各表」。我知、你知、大家都知，唯獨國民黨一些人一再自欺欺人，還更說「一中」就是中華民國，

中國大陸在此「一中」之內。國民黨對中共的回應一如預期，軟弱無比，看不出來有「護台」和「衛台」的熱情和決心。

　　至於小英總統仍好意提醒和期待中國要有大國的格局和責任，證諸過去十多年中國對台以及在世界的種種行徑，這恐怕只會是緣木求魚。

　　最後，我認為蔡習的隔空對話，還是有相當的成分，是各自說給自己的台灣人民和中國人民聽，以分別表明兩個政府的立場。不管如何，我覺得蔡習對話雖仍「對立」，多於「對談」。但總比虛應故事，只想找個膚淺的說辭來讓對方暫時有個下台階，或買個通關密語，要有意義得多。

12 和平假象拆穿之後？

　　作家和資深記者寇謐將（Michael J. Cole）最近將出版一本以台灣處境和未來為主題的新書，我有機會先睹為快，讀完想藉題發揮一抒我的若干相關心得。

　　這本新書的中文譯名和英文原書書名不盡相同，但各有所長。英文《The End of Illusion: Cross-Strait Relations since 2016》道盡全書的立論基礎和主旨，亦即正視 2016 年來台海關係假象的結束。但中文《島嶼無戰事 2：難以迴避的價值抉擇》卻讓人有所思，也就是台灣朝野和全球民主陣營都應該在台灣前途上做價值上的抉擇。

　　前者是作者在寫本書時的經驗分析和論述主體，後者則想必是作者對台灣人的呼籲和對國際社會的期待。這兩大方向也正是我讀本書後的第一個印象。也因此，我深以為作者對 2016 年來和平幻覺和假象的刺破和消失的探討，是最豐富和扎實，也是讀來最饒富趣味的內容。

　　作者揭露自 2016 年民進黨小英總統主政以來為強有力維護台灣主權，不承認具一中統一本質的「九二共識」，以致中國無法像在 2008 ～ 2016 年馬政府時代那樣予取予求而翻臉，隨之展開一系列很而小氣的報復和懲罰。

這幾章很詳細追溯小英總統一方面要堅護台灣主權，另一方面又要謹慎不過分刺激中國而讓美國誤判台灣是麻煩製造者之間，尋求平衡，有如走鋼索的用心和努力，讀來令人動容。我也要在此見證蔡總統政府的確也做到了讓全世界知道真正的麻煩製造者是中國。我也親耳聽她說過對此一改正國際印象的策略的用心和作法。

　　我對兩岸關係進入所謂「冰凍」期，其實是視之為常態，也認為如此不是什麼壞事。我對之前的和平假象不以為然。台灣在那種和平幻覺之下，並沒得到什麼真正的「和平紅利」，反而被全世界誤解台灣「委屈」卻未能「求全」，是台灣怕中國而甘心做中國的附庸。也因此國際上對中國對內反民主、反人權、反法治行徑，和對外的霸道橫行，不以為意。如果連台灣自己都悶聲不響吞下羞辱而不敢抗議，最後，中國的「錯」和台灣的「錯」加起來，就誤導了國際社會對那段時間兩岸「主從」關係視為「對事」和正常。

　　2016 年以來，台灣做了「對事」，中國卻繼續做「錯事」，反倒讓「真相浮出」：那就是這三年來中國對台灣的懲罰戰略和對全球施展霸權戰略，充分顯露中國過去所主張「韜光養晦」和「和平崛起路線」的破產，代之則是「大國野心」和追求的「中國夢」之無所不用其極。我真心希望讀者能好好回憶過去幾年中國的對台惡行，而牢記在心，不要老是犯了健忘症。

　　小英政府所執行的「維持現況」、「不刺激中國」、「讓中國原形畢露」的務實策略，雖得到民主盟國如美、日的高度安心

和肯定，也增強台、美、日關係。但這卻讓綠營「基本教義派」大為不滿，也難免製造了民進黨內部出現分裂困境和危機。作者雖沒有細說這股海內外「深綠」力量到底是誰，又在哪裡，他們堅持的又是什麼？但對此，我大概知其一二。我不是不認同他們對台灣獨立自主理想的堅持和憧憬，我也不認為這些深綠分子只是一些「老台獨」而已。它在台灣民間還是有一定的民意基礎和力量。我寧可相信這股基本教義派是可以做為督促、鞭策民進黨政府在講究溫和務實主義之餘，也要能有更多勇氣去敢為一些更積極護台的作法。

此外，我偶爾也會想到目前被視為「本土台獨派」精神領袖的兩位前總統：李登輝和陳水扁。當他們在位時所推動的「國政」不也是像小英總統今天這樣天天都得小心不讓中共藉機撒野，又得讓美日等國放心嗎？可是他們在卸任後卻為什麼有時都忘了當年的「謹慎」和「務實」，而變得「激進」？是他們真的變了？還是他們周遭的影響力變了？

我原以為兩岸在這段「冰凍期」，台灣政壇能「超越藍綠」凝聚台灣主權共識，一致對外。很遺憾地，過去三年泛藍陣營和所謂「白色」政治人物依舊「傾中」、「親中」，對中國的鴨霸打壓台灣視而不見，甚至連習近平所提的「一國兩制・台灣方案」也不敢大聲回拒，只一再複誦早已被中共打臉的「九二共識、一中各表」，或是裝傻不表態。顯然在台灣內部建立政界的藍綠共識，恐怕比對外找國際盟友還難，這真是台灣怪異而可悲的政治現象！

幸好是在政界之外，畢竟還有更多數的社會人民早已建立了堅實的「台灣認同」，而「主權比經濟利益重要」的最新民意也在今年春天成形，其中年輕人和中低階層尤然。日前香港人民的「反送中」連續抗爭和台灣的「反紅色媒體‧守護台灣民主」凱道群眾大會，更展現了年輕世代對台灣民主的憂心和堅持，這也終於逼得國民黨幾位總統候選人在初選國政願景發表會雖對「一國兩制」表示不認同的態度，但對捍衛台灣主權自主，仍持模糊態度。

對於台灣與中國關係的未來，作者在本書之末提出了重要的五種可能情景（scenario），其實就是模擬中國對台灣可能採取的行徑。從繼續攻擊台灣民主機制；利用極端民族主義製造中國人仇台；到為了因應中國內部動亂而對外發動戰端；權力鬥爭、社經混亂不可收拾，導致共產黨崩潰；甚至到台灣屈服於中國的恫嚇而被解放統一。可是在我看來，這五種情節並非放在同一分析層次上發展，以致讓我讀來思路不那麼通暢，因果也不那麼清晰。

到底是中國的攻擊和民族主義讓台灣民主機制潰散而投降？還是中國內亂和對外發動戰爭而讓共產黨崩潰？這兩個情節分別代表兩個截然不同的大結局。如果以本書前面九章的客觀分析來預測，哪個「結局」較可能呢？另外，在上述兩大結局未發生之前，國際社會真的會毫無作為嗎？

最讓我驚訝的是 Cole 的兩大情景／結局，竟然都是以「極端悲劇收場」，台灣屈服或中國崩潰。難道台、中之間沒有任何和平相處共存的可能未來？我雖對兩岸前途不是那麼天真的樂觀，

但也絕非宿命的悲觀者。但我確信，只有堅持台灣立場，才會有
對台灣有利的真和平可能。

13 中國，沒有學術自由，就沒有學術卓越

2019/11/18

日前國際間流傳一份極受矚目的消息，即英國下議院外交事務委員會發布一份報告，直指中國愈來愈囂張地干預和威脅英國大學的學術自由。報告舉例令人震驚，而且還明白指責中國駐倫敦大使館在背後指揮這些危害英國校園學術自由的行徑。

其中一例是，某校孔子學院就因為有一篇論文提及台灣，就沒收了那一篇文章的宣讀和發放；另一例是在英的中國留學生和學者聯合會竟然對在當地的中國政治異議人物進行監視，甚至騷擾。

其實，這不是什麼「新聞」。幾年前，中國就騷擾了著名的國際期刊 China Quarterly，要該刊刪除有關六四天安門屠殺研究及其他讓中國刺眼的論文。另外，全世界的孔子學院也都毫不眨眼地排斥、禁止以三個 T 開頭和一個以 D 有關的議題，如三 T 的台灣、西藏、天安門和一 D 的達賴喇嘛。看來現在又會加上一個 H（香港）。換言之，「三 T 一 D 一 H」已是中國政權之痛，更不想讓世界各國的學術界去研究它、了解它、書寫它。

老實說，中國共產黨想遮掩的「中國」和「國際」問題，還不只上面這些，新疆維吾爾族集中改造營早已是它極力否認的話題。說不定，不久之後，一旦「一帶一路」帶給許多國家的「負債陷阱」、「政治衝突」、「社會不公」變成國際事件之後，「一帶一路」恐怕也會淪為國際學術圈的「禁忌辭」。

這讓我回想 29 年前，我去中國河北石家莊參加晏陽初思想和鄉村改造國際研討會，我發表的論文是關於台灣八〇年代的農民運動，文中提到以「國家與社會」的理論架構來探討台灣農民運動的興起與訴求。就這樣，主辦的中方機構在字字審閱了之後，就說帶去的影印文章不能發給與會者；因為不能用「國家」這個名詞來描述台灣的現狀，否則主辦單位會被上級懲罰。我提出解決辦法，由我自己在會場公開發我的文章，責任我擔。有趣的是，主辦單位同意了。29 年後，在英國發生沒收論文事件，足證是個大退步！

　　這種對學術的審查、監事和控制，早就建立在中共極權政治統治制度本質裡面，只是現在在習政權之下，不只在中國境內審查，竟也無法無天、毫無忌地對國際學術也橫加審查和控制。

　　說到這裡，我必須提到另外一份最近寫作嚴謹的國際調查報告，題為「走向卓越的阻礙：學術自由和中國對世界一流大學的追求」，這是由「險境中的學者網絡」（Scholars at Risk）組織主導出版，對中國學術自由的調查報告。

　　這個報告的標題相當中性，也筆下留情，也點出一個核心問題和結論：中國沒有學術自由，就不可能有卓越的學術和一流大學。而整份報告根據公開出版的訊息、人權報告和對中國及國際知情人士進行的訪談，細數具體證據事件。一再陳述在中國，國家政權和大學當局採用一系列手段對學者和學生進行恐嚇、懲罰，讓他們噤聲。這些手段包括：對網路上網、圖書館和出版物進口加以限制，干預學者研究和學生學習活動；下令禁止討論和

研究黨國認為有爭議的話題；監控和監測學術活動，導致開除職位和自我審查；限制旅行、破壞國際學術交流；使用拘留、起訴及其他強制手段對批判性的探討和表述進行報復和壓制。

中國共產黨大力將黨的意識形態成為教育、學術系統的重點。在此行動中，上述限制和侵犯加深，行動具體內容包括成立「習近平思想研究中心」，對教授、教職員進行思想訓練，刻意將對黨的忠誠和研究資助機會掛勾。

上述種種對學術的控制，尤其嚴重的地區是西藏、內蒙古和新疆的維吾爾自治區的學者和學生，他們甚至成為前所未有的政府鎮壓的對象。有證據推測，這場鎮壓行動造成超過 100 萬人被不公拘禁在所謂的「再教育營」，或是平白失蹤。

報告中也提到香港和澳門兩個特別行政區，自 2014 雨傘抗爭運動後，思想自由空間已日益壓縮。同時，它更指出與國外學術機構的交流中，國外的高等教育機構相當擔心中國的長臂已伸進世界各地的學術界，嚴重傷害學術交流的學術獨立自由和尊嚴。它也質疑在各國的孔子學院是否符合和尊重所在大學對學術自由的價值觀。

在習政權下，中國要做大國和強國的夢，建設所謂世界一流大學也是它的夢。甚至還湊熱鬧，自己搞起一個「世界大學排名」的中國制度。這種大國有，中國也要有的心態，實在有點自不量力。說穿了，是打腫臉充胖子的作法，心虛怕在外國的排名制度排序，中國會落後。所以自己來作莊，總是面子會好看一點。

上述這份報告在最後嚴肅指出，雖然中國在一些特定大學有不錯的發展，在特定學科也看到進步，但這些都不是白手起家，更缺乏穩固根基，是一種跳躍、借取，甚至抄襲的結果。

　　更值得中國學術界該自我警惕的是，依靠國外別處在學術自由的情況下所獲得的累積成績，移植到沒有學術自由的中國土地上，能向前進步到任何程度呢？另一挑戰是，海外高教學術界是否願意繼續支持與中國進行完全自由、公開和獨立的交流和合作？沒有學術自由的中國，能否建設能夠永續卓越學術，相當令人懷疑。

　　我個人過去數十年和中國社會科學圈子的觀察和接觸，也明白告訴我：有什麼樣的政權本質，就會有什麼樣的學術品質；沒自由，也不會有卓越。

14 真話？官話？瞎話？有關台海關係三種論調

2022/6/12

　　台海軍事的緊張情勢，隨之 2 月開戰的俄烏戰火，愈來愈受區域和國際間的重視；而論述也愈來愈具體和明確。大致說來，公開發言的大多是擔心和警告中國片面武力侵台和公開以不同方式支持台灣的獨立自主地位不受破壞。持這種論調的也都很清楚的表明出以下立場：

1. 台灣是事實獨立的國家，不隸屬中國；
2. 中國的「一中原則」，是一廂情願且具侵略性的說辭；
3. 台灣是民主強韌、經濟強勢的國家；
4. 台灣的政治與經濟處境，一旦遭破壞必然牽連整個區域，甚至全球，所以必須出手幫助和維護台灣；
5. 台灣的未來是台灣的事，也只有台灣人可以做決定。

　　以上這五點論點，說盡了台灣人的集體意志和認同，能這麼說的台灣人和國際人士，當然就是說了「真話」！拜登總統在東京的「軍事衛台」和安倍前首相的「台灣有事，是日本有事」就是明顯的兩個例子。

　　也因此，我注意到最近有三個很有價值的國際民意調查，其

結果也呼應上述我說的「真話」。第一是日本經濟新聞在 5 月底公布的日本調查,有九成的日本人認為日本有必要為「台灣有事」做必要準備,其中 41％表示支持修法以提高日本的應對能力,50％主張應在現行法律比範圍內進行可能的準備。

第二是歐洲知名智庫「全球安全」的年度報告中加了「台灣地位調查」。結果顯示,有 41％的中歐東歐 9 國人民,認為台灣是「獨立國家」,21％表示是「爭議國家」,有 13％認為是「中國一部分」,其餘 25％表示「不知道」。九國中,認為台灣獨立國家的最高比率是捷克人民（59％）,次為愛沙尼亞（49％）,立陶宛（46％）,斯洛伐克（42％）,最低的是保加利亞和羅馬尼亞均只有 31％。可見與台灣國家交流多的國家,對台灣的確認識也較高。

第三是丹麥智庫「民主聯盟基金會」和德國民調機構合作,在全球 53 個國家調查了 5 萬 3 千人的民意反應。其中一項結果顯示,在 53 國當中,除中國外,有一半（26 國）的多數受訪者贊成,如果中國入侵台灣,就應跟中國斷絕經濟關係,這些國家包括美、日、南韓、德等中國主要貿易夥;他們占中國貿易總額的 53％以上。可見,台灣的處境已愈來愈受到全世界人民的同情和支持,真可謂「吾道不孤」。以上這些全球公民所表達的意見也說出了對台灣的「真話」!

至於在拜登總統三次回答如果中國侵略台灣,美國會軍事行動援助之後,美國白宮或國務院也都隨後為之緩頰,說美國對台政策沒變,但卻又不正式否認會出兵助台。看來不過是美國的「官

話」，既不駁斥拜登的「真話」，也不敢說假話，只好複誦一遍「官話」。美國官僚愈是說官話，我愈相信拜登說了三次的「這是我們做的承諾」，的確是真話。

也同時在這陣子，中國官方也被逼得一再重複所謂的「一中原則三段論」和所謂「主權獨立」、「領土完整」的「核心利益」云云。坦白說，中國的「核心利益」不過是為對外併吞台灣和擴大其國際野心，以及對內蒙蔽反民主、反人權等惡行所說的「瞎話」。

說瞎話的還有馬英九，他在六四天安門事件 33 週年的場合，竟然因為聽到習近平說了有中國特色的民主有助於建立法治社會這類的話，就誇稱習近平的思考方向正確。殊不知習根本不知「民主」和「法治」為何物；在中國共產體制下，也根本沒有民主（只有專制）和法治（只有人治和黨制）。馬英九在六四祭日所說的如果不是瞎話，那是什麼？尤有甚者，前國民黨主席洪秀柱、新黨主席和急統名嘴日前在中國的發言，更是跑到敵國去迎合說瞎話。

至於朱立倫在美國那幾天的公開談話，如「國民黨親美絕對不會改變」、「九二共識是沒有共識的共識」、「民進黨貼國民黨親中賣台標籤」，卻無視九二共識和一中各表已死，只剩下赤裸裸的「一中下的併吞台灣方案」。也更無力回應在全球對抗中國的局勢下，如何「親美又近中」。朱立倫在美說過或無能力說的這些話，很難讓我相信他說的是「真話」，可能只是介於國民黨的「官話」和「瞎話」之間。也許等他回台灣之後，就可真相大白。

檢驗公共知識分子　　153

15 可悲的香港「七一回歸」

2022/7/3

習近平在 7 月 1 日親往香港慶祝和驗收香港回歸 25 年的成績。不管他怎麼粉飾他在背後「收拾」香港的暴行,在我看來,習大大「慶祝」的其實就是香港的共產主義化和被獨裁化。而所謂能「驗收」的也就是當年「一國兩制」承諾的死亡和對國際宣示中國政府之不可信;所謂中國納入國際秩序和規範,從「香港的失敗實證」已看得一清二楚。

如果台灣的「統派」(如統促黨、新黨、部份的國民黨),還執迷不悟,迷信「統一」,完全不看香港 25 年來的命運,那就不是所謂有關台灣前途言論自由的範疇,根本就是為虎做倀,甚至是犯了通外敵和搞內亂的罪過了。

25 年來,我從 1997 年 7 月 1 日前夕冒著大風大雨在香港目睹「回歸」開始,一直目不轉睛的追蹤和觀察香港人對「一國兩制」的民意變化,從期待、樂觀、觀望、失望,到絕望。證據之一是歷年的香港民意調查資料所反映的趨勢。有消息透露,香港民意機構原在七一前發佈的「一國兩制 25 周年民情總結」都被迫延後公布。證據之二當然就是自 2015 年到 2020 年來的香港時代革命(佔中、雨傘運動和反送中抗爭)所暴露的集體反抗。

我對香港民意 25 年來的動向,深感同理,甚至同情;對過去幾年來香港人民激進抗議行動的起落,更是感同身受和無限唏

嘘。香港的悲慘經驗，相信帶給每個台灣人給很大的衝擊（或許除了那些少數無感無知的統派）！

香港這幾年給台灣的警訊是「今日的香港，明日的台灣」，這句話對有良知又有感的台灣國民很受用；也以各種方式聲援香港對北京的抗爭。但也許包括台灣在內的國際聲援，做得還不夠，香港還是「二次淪陷」；被中華人民共和國完完全全的「吞噬」了。

香港從小漁村到「殖民地」，再從「殖民地」吸引大量「被殖民人民」遷入形成「香港殖民社會」；再到「去殖民」和「再殖民」。近 200 年的香港史道盡了政治的無情和虛假，以及人民的無力和悲情。台灣人民如果不能深切記取「香港悲劇」，悲憤地站起來捍衛台灣主權，那也將只能隨著悲慘歷史的洪流，而萬劫不復。

看看新上任的香港特區特首和他的團隊，清一色是「北京統治香港」的臉孔，民主和自治已亡，媒體自主已死，公民社會的抗爭能力，也似已不復存在。面對無情的北京政權，香港的「被回歸」，真的不是「去殖民」，而是「再殖民」；被納入「中華帝國」的帝國主義擴張版圖。中共在 1997 作做的「一國兩制」國際承諾和中英雙方的條約，竟然可以以一句「已是歷史舊事」而馬上食言，可見中國政權的不可信和無恥，所以我覺得用無恥來稱呼「七一」回歸，也並不為過。

自由之家為此發出嚴正聲明，指責香港和中共政府用「國家安全法」完全剝奪了香港 700 多萬公民的基本人權、政治權利和公民自由權。因此，它更要求聯合國國人權委員會對香港進行是

否違背國際公民和政治權條約的調查，並以此制衡香港政府的未來行徑。在「不自由」的中國控制下，香港的命運這幾年來也已淪落成為「部分自由」的地區。

在任內面對香港變局應對失策的前特首林鄭月娥，在最後一篇臉書貼文，竟也寫下「香港由亂轉治」、「重回一國兩制的正確道路」和「習近平 5 年前在香港的講話是她的信心依靠」之類的反動和肉麻文字，實在令人感慨不已。

當年北京想用香港的「一國兩制實驗」做為對台灣的魚餌，如今這個實驗被中共自己搞砸，已無計可施。習近平更一不作二不休，乾脆將「一國兩制」丟掉，搬出「一個中國的統一台灣方案」，「併吞台灣」的嘴臉暴露無遺。台灣人民在感嘆香港同胞的回歸命運之餘，更要向中國大聲喊「不」！

16 一帶一路危害，台灣人受害

2022/8/28

　　近日爆發的柬埔寨人口販運與詐騙事件，很不幸地造成許多國人被滯留在柬埔寨，人身安全堪慮。我國政府已積極地進行營救計畫，盡速協助受害者返國，但卻遭遇到不少問題。誠如蔡英文總統在 8 月 24 日所強調，政府正全力動員，透過各種管道營救國人回台，我們也期待被騙和被迫滯留的台灣人民能平安回國。

　　本次事件凸顯了兩個問題，第一、為什麼台灣政府在營救受害國人時面臨重重困難？針對此，由於台灣並未在柬國設有代表處，再加上柬國政治強人洪森總理基於親中立場面對台灣議題始終保守謹慎，因此涉及到跨國犯罪議題的台柬警政合作在柬埔寨的推進顯得相當困難。台灣乃轉向與鄰近的泰國強化跨國打擊犯罪合作，在既有的「台泰打擊犯罪機制」的基礎上加強雙邊協力和營救工作，並預防和杜絕再有受害者前往柬埔寨。

　　第二、柬埔寨的人口販運與詐騙事件也揭露了相關人口販運與不法金流網絡其實是鑲嵌在柬埔寨與中國在政治、經濟與社會領域的不對稱高度依賴關係之中。一般認為，中國與柬埔寨的關係密切，且外界都將柬埔寨視為是扈從中國的東協成員。因為依賴關係密切所衍生的裙帶資本主義，讓中國官方、中資企業（央企與民企）在柬埔寨可謂橫行無阻。而有很多中國人足跡的主要城市，特別是柬埔寨的西港，中國人挾著政經優勢與充沛資本強

勢主導商業與經濟活動之外，更帶來了許多的陋習與黑社會犯罪和賭博集團，西港的黑社會、人口販運與詐騙集團間更有難以切割的共生結構。

一帶一路：是共創願景還是危害遠行？

　　中國自習近平上任後，為了壯大聲勢與鞏固習核心政權，逐年全力推動一帶一路，說是要壯大與復興中國夢並與沿線國家共創共同體榮景。但不幸地，這個畫餅的共同體卻被一帶一路不良政策踐踏得殘破不堪，造成經濟殖民和債務陷阱不說，在各國的豆腐渣工程與不具經濟效益的大型基礎建設，更引起國際社會的不滿與抵制。

　　當若干合作國家陷入財政危機與政治風暴之際，中國總在第一時間辯解，說是無關一帶一路，而且中國將在能力範圍內協助緩解危機。但從南亞的斯里蘭卡近期的動盪，確實證實一帶一路是壓倒合作國經濟與財政體系的最後一綑（而非一枝）稻草。其他東南亞國家如緬甸與寮國等也都已身陷危機。一帶一路與中國版本的共同體，與其說是共創願景，倒不如說是危害遠行。

　　一帶一路下的柬埔寨西港賭博業、詐騙業的畸形發展，正是此番台灣人被騙前往從事電信詐騙或遭轉賣的肇因。也就是說西港賭博業被中柬兩國聯手打壓，中柬詐騙集團乃轉向電信詐騙業。而在「機房」裡一時急需會講華語的工作者，台灣人乃被盯上。

壟斷、圈地、騙局、債務的供應鏈

從當前的經驗來看，一帶一路下的惡質擴散，已轉變成區域社會的惡化發展，結合了壟斷、圈地（如緬甸的皎飄經濟特區，中資占經濟特區戰略深海港口 70％ 的股份，可租借 99 年）、騙局（以美好、繁榮等互利共贏的願景利誘合作方）、債務（鼓吹大量不具經濟效益的大型基礎建設）等經濟殖民主義的手段。這些國家的人民不是受益者，卻是受害人。

尤其在柬埔寨，中國挾著政府援助與龐大投資量能大舉進入柬國社會與市場，包含了建設多個水力發電站、數千公里的高速公路、橋梁與鐵路等交通基礎建設，這些利多有助於執政權力集團的鞏固政權，但卻掩蓋不了柬國社會對於一帶一路的疑慮與批判，包括了難以負荷的外債陷阱、過大的中國影響力、因仰賴中國而導致金邊缺乏獨立自主的外交政策決定、還有因不當開發而造成的環境汙染與退化等社會危機。

另外，中國帶到柬埔寨的經濟與社會利害關係人在柬國的負面影響如集團化的非法組織與黑社會幫派、近期層出不窮的社會治安危機所造成的社會成本，更難以估計。

台灣人別再受騙，才能免於受害

我們想提一個具體的例子，在幾年前，於中國廣西南寧爆發的「純資本運作」的詐騙事件，就是以商業、經濟特區等繁榮願景來遊說與利誘並運用傳統的互助會（俗稱老鼠會）的手法進行

非法吸金的系統性犯罪。一度傳出有台灣人涉入、甚至淪為台灣人欺騙台灣人的連續事件。

在一帶一路力推後，所謂的「純資本運作」也從廣西南寧擴散到東南亞國家中，尤其是柬埔寨，詐騙手法與在南寧如出一轍，只是加上了一帶一路的願景，再加上國家級大戰略的背書，更造就了難以計數的受害者，成為跨國犯罪的一個環節。「純資本運作」僅是中國與若干鄰近國家對跨國犯罪噤聲的吉光片羽。對照今天的跨國人口販運與詐騙情事，我們要呼籲，一帶一路已淪為中國霸權的危害網絡，萬萬不能輕忽隱含在其中的政治脅迫與經濟壟斷。

台灣人別再受騙，才能免於受害。當然政府也該大力阻斷在台內應的黑道人蛇集團再與中柬兩國的詐騙集團繼續聯手作惡。

楊昊 台灣亞洲交流基金會執行長 合著

17 拜登連說四次會防衛台灣之後

2022/9/25

　　美國的拜登總統在 9 月 18 日晚間播出的 CBS「60 分鐘」節目專訪中，回答主持人的提問，再度明確表示當中國前所未有的入侵台灣時「美國會出兵協助防衛台灣」。值得我們深切注意的是，這是他第四度以美國總統身分公開表態美國會防衛台灣，阻止中國武力併吞台灣。

　　前三次分別是，第一次是 2021 年 8 月的 ABC 專訪，他明言台灣與阿富汗情況截然不同，不要怕美國會放棄台灣；第二次是同年 10 月的市民大會，他又說「我們有承諾這應做」；第三次是今年（2022）年 5 月美日峰會，他又再說「這是我們的承諾」。

　　應該會令人奇怪的是，為什麼媒體老是要重提同一問題。這應該不單是輿論界關心台灣，而是拜登的前三次「衛台」言論都似乎被他的外交官員以「我們對台灣的政策沒變」這句老話來做為回應。外界於是解讀是美國官員在「修正」或「收回」總統的承諾。

　　我一直對這個負面的解讀不以為然，美國官員的「政策不變」說詞，並不必然在說他們的總統在「改變」對台政策，因為美國從來就沒具體地說過中國出兵時，美國「不會」協防台灣。在我看來拜登團隊三番兩次被誤為「間接否定」老闆主張的作法，根本沒必要也很不智，徒增國際間對美國外交政策的誤解；據說拜登對此也很不悅。

因此這次，白宮國安團隊 Kurt Campbell 就馬上回應表明總統說的就是如此，不言自清，他也再加上一句「美國對台政策一致和沒變」。這總算把美國一向的對台政策與總統幾次的承諾貫穿在一起。希望外界的混亂可以減少，誤解也可以避免。

　　在這次的訪問中，拜登不但又澄清台灣與烏克蘭情況不同，意指對烏不派兵，對台會派兵。他又主動提台獨議題，說是「我們不鼓勵台獨，但台灣對獨立有自己的判斷，這由台灣自己決定」。換言之，他選擇不用美國外交圈慣用較負面的「不支持台獨」，而以較不那麼負面的「不鼓勵台獨」來表達他的立場。這真是誠哉斯言；雖是個年老總統，思路卻相當開明新潮！

　　美國的媒體和智庫的反應也比以前積極，說它是「暗示美政策轉向」和「戰略模糊 2.0」，更說它對「戰略清晰靠進一步」。我的見解也是如此，而且也很佩服拜登願意不厭其煩的一再承諾防衛台灣的心跡。我也對美國軍方，如國防部、第七艦隊司令、空軍副參謀長和空軍部長近來的嚴正防中，積極護台海穩定和平的論調，表持支持。

　　批評者和反對者則依然依其懼中、媚中的心態擔心拜登一再的直白和真言會促成助長中國對統一的急迫感和接下來的嚇阻力，這將得不償失。部分台灣的「懼中」統派看來也有類似的反應；只是這次似乎對拜登的「捍衛台灣」主張，則又說成美國抗中保台，只是美國利益，未必是台灣利益，來模糊焦點，也讓人覺得不可思議。中國的一貫反彈，就是表示堅決反對，並向美方提出交涉，警告不要站在 14 億人民的對立面，也警告台灣倚美獨立是死路一條。

我不知道，拜登會不會在不久後的將來再五度提出「護衛台灣」的主張。但經過這四次「衛台」之說的政策漣漪之後，我相信美國對中國出兵入侵台灣，出兵保衛台灣的立場及其大戰略主張，應該會愈來愈清晰和明確。

18 徵兵、衛國與民心

2017/7/10

　　一年來，台海兩岸關係進入新情勢，台灣的民進黨政府拒絕接受中國「一中原則」為實的「九二共識」，中國立即露出「強併吞」的真面目。限制中客來台觀光，排斥台灣參與國際組織，以重金買走台灣邦交國，甚至派航空母艦繞行台灣，展示軍事威脅，無所不用其極。

　　這如果發生在任何一個正常的國家，不分朝野、不分黨派一定會上下一條心，一致對「外」，指責惡鄰中國的霸凌和無理。可是反對黨（國民黨）卻砲火向內，反而批評政府是麻煩製造者，忘了「敵人」是誰。執政黨（民進黨）幾位諸侯縣長竟也紛紛表態，要「親中」、「和中」和「知中」，也忘了以空話討好「敵方」根本無濟於事。

　　至於無黨籍的台北市長在這種極端對台灣不公的兩岸政治氣氛下，卻仍執意親自率團在中共黨慶次日出席「已被」中國視為統戰工具的「雙城論壇」，還自稱可以「交流先行」。也難怪一向「傾中」的馬英九前總統都出來湊熱鬧，說什麼「兩岸不是兩個國家」、「稱中國、中南海不會高興」、「不認同九二共識，就沒有外交休兵，就會斷交」等謬論。

　　這些國內政壇的奇怪言行，真讓人懷疑台灣是不是一個正常的國家？「正常國家」就是全國上下都該知道自己是什麼樣的國

家，也知道哪些國家友我，哪些國家不友我，也就是清楚什麼是「敵我」。有一個不洞悉敵我的政府，當然會帶來國家危險，如喪失國格、外交休克。有一堆摸不清敵我的政客，也必然會混淆民心，分化國家的團結力量。

「正常國家」另一個關鍵指標就是國民願意支持自己的軍事力量，而且要有意願保護國家，不受任何敵國侵犯。如果台灣的上層政治圈心態存在一些「不正常」的成分，那麼中下層的社會民心又是如何呢？是「正常」，還是「不正常」？

我瀏覽了中央研究院社會所主持的中國效應民調資料，發現有一兩個相關的數據，可以拿來驗證我的上述疑問。

當年的國民黨馬英九為了參酌先進國家募兵制趨勢，展現對中國的「善意」和舒緩兩岸關係，從 2012 年實施了募兵計畫的兵力來源制度。過去幾年，效果從來沒好過，一則誘因不足、募兵不足，二則若要有足夠誘因，國防經費得大幅提高，三則結果造成官多兵少，第四也是最重要的後果是誤導社會民眾對兩岸的軍事政治情勢嚴重產生「和平沒事」的假象。這些後果，在過去幾年不時被輿論關切。

在 2015 年 2 月中研院的調查裡問了民眾「贊不贊成台灣為了增加軍事力量而恢復徵兵制度？」，結果有 60.1％贊成。到 2016 年春的調查又問了「為了增加軍事力量，贊不贊成保留義務役的徵兵制度？」結果贊成的比例更多，有 83.8％。特別值得注意的是年代的差異，年輕世代（35 歲以下）贊成徵兵制的反而高於中世代（36 ～ 55 歲）和老世代（56 歲以上）。同年底，中研院社

會所的社會意向調查又再問同樣題目，回答很贊成和還算贊成的比例更高達 88.2％。

換句話說，過去兩年半來，志願募兵制是被民意質疑，而義務役的徵兵制度始終存在台灣民心，為的就是要增強台灣的防衛力量。

進一步再問台灣民眾「萬一中國以武力攻打台灣，願不願意為保衛國家而戰？」2016 年的中國效應調查顯示，有高達 74.3％回答很願意和願意。不同世代之間，中世代（36 ～ 55 歲）意願最強，其次是年輕世代和老年世代。

從上述這幾項民意調查數據看來，台灣民意不是像有人說的只是等著美國和日本來保護台灣，而是主張恢復和保留義務役徵兵制來保衛自己的國家，更會在中國侵台時，願意為保衛國家而戰。年輕世代也毫不卸責怯戰。

台灣政壇雖然出現一些「不正常」的政治言行，但台灣民心還算正常，還知道「敵我」，支持徵兵制來強化軍事力量，也願意在必要時為護國而挺身而戰。

第 三 章

倡議新南向

01 新南向政策的「要」與「不要」

　　從 1994 年開始，在國民黨李登輝的執政時代就提出第一波南向政策，而且此一「南向」概念是那時開始用的；接著在民進黨陳水扁執政下，也繼續主張第二波南向（2003 年開始）。但到了 2008 年，國民黨馬英九執政後，由於對外政策巨變，只看西向（中國），於是南向思維終告中斷。

　　第一波的南向政策，成績有二：

　　一、開啟二次戰後，台灣東南亞區域研究的制度化契機；

　　二、提升東南亞各國政經勢力，對台灣的注意力和關心程序。

　　但由於將全部政策重心放在投資，未顧及其他非經濟領域的交流和深根，以致重眼前一時的經貿利益，輕長遠的外交多方位的策略思考，以致矮化、侷限了台灣與東南亞各國的關係，只會見錢眼開，過於現實利益取向。

　　第二波的南向，雖然有意擴大到國會、學術、NGO、宗教交流，但卻缺乏統籌的決策中樞，以致作法零散，還是走短線，拉個人關係，缺乏累積性和制度化。而另一結果是在本國的東南亞研究的深化方向，更已顯得疲態。

　　在過去八年的馬政權下，台灣與東南亞實質關係每下愈況，糟糕的是，雖也有所謂「東南亞經貿工作綱要」在推動，但大都

在較低的外交行政層級，並無高視野的外交目標可言。台灣在東南亞各國政府眼中的「政治地位」一再下降，駐東南亞各國的台灣代表處乃淪為「國民黨和中」的工具，根本無能力展現台灣立場和國格，也根本沒策略、沒作為去加強與東南亞的「國家外交」工作。更糟的結果是，國內東南亞研究從此被視為「政治不正確」的領域，政府的文教部門也放棄了對東南亞區域學術研究的鼓勵和帶動，東南亞研究立即嘗到「後天失調」的不幸命運。

2016 年 5 月 20 日後，民進黨將再重新執政，蔡英文在總統大選前公開提出所謂的「新南向政策」（我稱它為「南向 3.0」）。既然是「新」政策，就一定要去除之前 16 年走過，卻不成功或錯誤的「舊」思維、「舊」途徑。

我認為「新」政策有幾個「要」和幾個「不要」：

一、要全方位建構台灣與東南亞的關係，可考慮建立在 APEC 基礎上，加強台灣與 ASEAN 的網絡和制度化關係；不要只限經貿投資或招商，更不要再走個別商人和政治人物的後門。

二、要將東南亞的統籌中心政策提高到國安會秘書長辦公室；不要只停留在外交部亞太司的層級；諸如移民署、內政部、勞動部都應整合在其中。

三、要深化國會、學術、智庫、宗教、勞工、城市、體育、藝術、環境、人權各領域的雙邊和多邊關係；要在各領域認定選擇幾個主要的交流窗口，重點切入；不要再走過去外交部 NGO 委員會的「均貧」小氣老路。

四、要嚴肅體認東南亞學術研究水準的提高，絕對是固本的必要途徑，再次重視和鼓勵台灣的東南亞研究，要重點培養幾個在台灣的東南亞研究機構或智庫。不要再像以前那樣，由各大學或智庫任憑功夫搶短線經費，而根本無長遠的研究視野和策略，完全無人才培育計畫，一旦沒錢就「撒下」或「落跑」。

五、要善用台灣在東南亞 1 萬多家「台商」和 25 萬的台僑，以及在台灣的 15 萬東南亞配偶與其新二代子女，以及 40 萬東南亞移工，以建構具有互惠、公平和人權特色的新南向政策；不要短視或是濫用上述經濟和社會資本，甚或只是無厘頭地空談或畫餅。

六、要確實掌握東南亞各國的政經局勢發展，可邀請國內相關大學、研究機構或智庫專家學者進駐不同代表處，以進行近距離的深入觀察和提供即時報告；不要再因循苟且，代表處只會應付到訪的官員和立委，以致只會做內交，送往勞來。

七、要固守在東南亞各國中與台灣關係較深厚的國家，多下工夫以做為擴散台灣網絡和「護台」的據點，並強化與他們在台代表處的多樣深入接觸層面；不要毫無頭緒或只能做些膚淺地，卻又無長遠規劃的即興接觸和作法。

02 南向，不僅台灣，也不只向南

2019/3/11

　　國家生存需要清楚的戰略，它不只是國家發展的策略，也是因應區域挑戰與全球局勢的實際作為。我們所處的亞洲以及更為廣博的印太地緣政治架構，正面臨結構性的變革：無論在國際外交、區域經貿發展議程、或者是公民社會轉型與變遷的路徑方面，都有了迅速且深刻的調整。

　　特別是東南亞對於亞洲和平與穩定的意義，更不容輕忽。在2018年於新加坡舉行的東亞高峰會（East Asia Summit）中，幾乎所有與會的亞洲領導人都確認和重視東南亞的戰略地位，以及共同體計畫對於亞洲發展的未來意義。

　　從最北的俄羅斯、到中國、日本、韓國，再延及南亞的印度，甚至南半球的澳洲，近年來都積極關注亞洲的整體脈動，特別聚焦東南亞新興政經共同體的發展。這些區域國家經略亞洲的想像與實踐，都以捍衛、壯大自身國家利益為基調，呈現出它們看待並且參與區域共同體設計及實踐的具體行動。

台灣以新南向政策回應印太局勢

　　自蔡英文總統上任後，台灣啟動了新南向政策（New South-bound Policy），這項政策被小英總統稱之為「台灣的亞洲戰略」，

也使得長年禁錮在兩岸關係困局中的台灣，得以撥開迷霧，找到新方向。

過去三年來，新南向政策成功地向國際社會傳達了台灣面對東南亞、南亞形勢的理念，也提出了台灣如何自我強化並作為區域共同體不可或缺的利害關係方的系列論述。這些結合政府與民間社會的協力成果，不僅獲得東南亞、南亞國家的肯定，同時也受到理念相近國家如日本、美國、歐洲國家等的支持。

政府的旗艦計畫著眼於「以人為中心」（people-centered）的發展理念，逐步地銜接台灣與東南亞、南亞在經貿與投資、觀光、教育人才、區域農業、醫衛合作、青年領袖、智庫網絡與公民社會之間的持續制度性交流。當然，雙邊的交流應不僅於這些領域，在共同因應天災的韌性社區、基礎建設工程、新創產業網絡、以及藝術人文的對話等領域也都有默默耕耘的先行具體行動計畫。

民間社會領銜與參與所展現的充沛能量，讓台灣與鄰近社會之間的交流變得更密切，彌補了政府因兩岸僵局與對岸政治干擾所造成的限制和遺憾，同時也真正落實所謂「以人為中心」的台灣價值。舉例而言，台灣海外援助發展聯盟（Taiwan AID）長期在東南亞與南亞區域投入社會建設、潔淨供水與衛生、教育、健康醫療、社會福利領域的能力建構計畫，不僅受到在地社會的肯定，未來也更可以鏈結由台亞基金會倡議成立的亞洲深耕聯盟（Asia Engagement Consortium）其他夥伴機構的努力與資源，累積新的國家隊能量。

韓國的新南方政策以元首外交做主導

不僅台灣，鄰近的韓國也在 2017 年啟動了「新南方政策」（New Southern Policy），展現出首爾看待亞洲發展的具體態度與政策方向。韓國文在寅總統以「元首外交」的方式，從點（投資與發展計畫的支持）、線（雙邊關係的強化）、到面（東協系列會議與區域高峰會）逐步加強新南方政策的區域宣傳，凸顯韓國「被需要」的價值。

當然，從戰略的角度來看，文在寅政府之所以推動新南方政策，目的就是希望讓韓國能在亞洲主要強權競逐的過程中，找到它最適生存空間。新南方政策也代表韓國提升東協與東南亞區域在其外交政策上的位階，致力於追求更為「自主」與「衡平」的外交政策願景。

2019 年對韓國與東協關係的進展有重要的意義：首爾將舉辦「韓國─東協高峰會」（Korea-ASEAN Summit）、在不久的將來陸續推動首屆「韓國─湄公河流域高峰會」（Korea-Mekong Summit）。藉由正式官方外交、高層元首外交、多邊外交的倡議，活絡新南方政策的區域效應。

值得注意的是，新南方政策有若干理念及元素與台灣的南向政策相近，譬如，文在寅總統多次強調新南方政策將強化與東協在「人民」（people）、「繁榮」（prosperity）與「和平」（peace）的合作，這也凸顯了雙邊關係不僅停留在經貿與投資，面對國際政治與區域穩定、以及人民及社會的共同利益，也被視為是南方新政的焦點。

舉例而言，韓國與東協國家每年觀光客互訪總人數約為 820
萬，其中東南亞訪韓的觀光客約有 220 萬人，而韓國前往東南亞
國家觀光的人數則占 600 萬。新南方政策鏈結韓國的文化創意產
業、影視產業，也期待透過雙向交流的再強化，再造區域韓流。

台灣的新南向必須官民合力

台灣的新南向政策與韓國的新南方政策，都期待能凸顯對外
政策中的「多樣化」（diversification）理念，並且以強化國家利
益及生存空間為前提，彰顯台灣及韓國在亞洲與印太區域中的貢
獻與角色。這種多樣化的佈局，需要更多夥伴關係的支持。

2 月 21 日，印度穆迪總理獲頒首爾和平獎（Seoul Peace
Prize），並且在出訪韓國期間與文在寅會面，雙方期待印度東行
政策（Act East Policy）與韓國新南向政策能相互支援。如果印度
與韓國可以在東南亞政策上有更多的交集，或許將有利於亞洲區
域的穩定與繁榮。

與韓國不同的是，台灣在經營與東協、東南亞的關係上，面
臨不友善外力介入，而「被」設定特殊的政治前提；外交侷限也
使得台灣很難透過正式的、政府間的、多邊的合作計畫來發展合
作計畫。譬如說，台灣的新南向政策就不可能由元首外交來掛帥，
而必須有更多元的官民合力、公共外交途徑，以及透過多采多姿
的軟實力展現才能奏效。

正因為如此，台灣政府與社會認知到多樣化緊密夥伴關係的
重要意義，唯有透過與國際夥伴發展具有創意、富彈性、以及具

前瞻性的務實倡議，才能有效形塑台灣與鄰近區域國家的共同利益與價值，凸顯台灣在亞洲發展議程中不可或缺的角色及能量。

21 世紀台灣亞洲戰略的「首部曲」已經從深耕東南亞、南亞以及紐澳著手，未來的持續發展也應尋求多樣化的夥伴關係，讓國際社會清楚瞭解，台灣不只向南，我們就在亞洲，也將永續深耕亞洲。

楊昊 台灣亞洲交流基金會執行長　合著

03 凸顯台灣新南向政策的暖實力

2019/10/14

　　邁入第 3 屆的 2019 年玉山論壇於今年 10 月 8 日、9 日盛大舉行。共有分別來自 22 國共 30 位使節代表參與開幕式與相關會議。本屆「玉山論壇」主題為「深化亞洲進步夥伴關係」（Deepening Progressive Partnerships in Asia），結合政府相關部會及非政府組織力量，共同協力聚焦呈現「推進技術與科技夥伴關係」、「搭建亞洲人才培育夥伴關係」、「促進發展經驗夥伴關係」、「公民社會的協力實踐」、「共同描繪—國際文化合作的跨國視角」、「亞洲智庫對國際民主挑戰的因應與合作」和「促進變革的新世代領袖」等多元合作成果與堅實夥伴關係。

本年度玉山論壇成果

　　為期兩天的會議共有超過 1000 人參加，共來自 31 國，其中也包括來自 13 國的 31 位國際合作夥伴擔任論壇講者。

　　本年度的論壇希望清楚呈現新南向政策推動期間的官民協力夥伴關係（public-private partnership, PPP），以及跨部會、跨部門與跨國協作關係及具體成果。在首日的會議中，可以清楚發現，台灣與周邊國家已在近年來於科技、產業、人才培育、永續與社會發展等領域的制度性合作成果與社會鏈結。人與人之間的雙向

交流，以及機構間的積極制度合作成果，彰顯了台灣與夥伴國的共同發展需求，同時也開創了各種新型態的合作模式。

在台灣面臨到嚴峻外交挑戰的今天，由玉山論壇所呈現的各種多元、具影響力的國際合作成果，不啻為呈現了台灣從多方面積極貢獻國際社會的堅韌意志與攜手區域共同體一起開創進步價值的夥伴關係。

讓世界看見台灣：主場外交的戰略對話

除了彙整並呈現新南向政策的合作成果之外，也特別設計了「亞洲前瞻圓桌對話」（Roundtable dialogue on envisioning Asia），邀請各國政要與意見領袖齊聚台灣，針對亞洲未來發展藍圖與各國的東南亞與亞洲政策，進行對談與意見交流。此一圓桌的設計是希望藉由主場外交啟動高層級的戰略對話，讓世界看見與聽見台灣。從區域的架構與亞洲主要國家的發展戰略，及具體政策環境中，聚焦我國新南向政策的座標。

圓桌對話中，與談代表除了就亞洲整體發展藍圖分享了各自的觀點與價值，並且再次確認各國關注區域共同體與強化政策的方向，透過對話逐步轉換成實際合作建議與期待。

印度梅農大使認為，各國應該要發展彈性架構來發展外交，在許多議題上務實地納入更多元的利害關係人，如私部門與公民社會組織等發展協力關係；而此一觀點也與新南向政策所實踐的夥伴關係若合符節。而韓國前外交通商交涉本部長朴泰鎬肯定台灣在越南的勞工職業訓練中心，此一成功經驗值得韓國參考，他

也進一步提到，台韓之間在東南亞與其他議題上都存在許多緊密合作的空間。

本屆玉山論壇特別希望透過高階政策對話來推動主場外交，並強調台灣與亞洲的緊密互助關係。除此之外，由於今年適逢台灣經歷九二一震災 20 週年與八八風災 10 週年紀念，本屆論壇也特別安排另一場政策對話。邀請日本、菲律賓、印尼等面臨類似天災挑戰的鄰近區域國家，與我國代表就當前亞洲防災夥伴關係的具體實踐及合作模式交換意見。同時聚焦韌性社區、智慧防災、救災與重建、人員訓練等具體議題，商討後續可能合作的發展方向，希望能在防災領域共享各項準備經驗與合作成果。相關對話也說明了，台灣各界在推動新南向政策的努力，已聚焦至社會、防災等跨領域的共同發展挑戰，並不只有在經貿與投資領域；也更彰顯此政策關注以人為中心發展議程之理念與精神。

兩份台亞基金會年度研究與調查報告書獲各界重視

台亞基金會於 2018 年成立印度與南亞研究小組，並於今年開始投入「台印關係研究報告書」的研究工作，邀請台灣與印度學者專家針對當前台印關係在經貿、文化、科技、教育與政治外交領域的成果，以及日後可持續深化合作的議題，進行深度研析並提供政策建議。

在本次記者會中，也特別邀請曾長期於印度國安會工作的卡納德顧問與談，卡納德特別從區域安全的角度提供建議。他認為，台印合作有其重要意義，而亞洲國家更應共同思考，如何建立屬

於亞洲的安全架構，而非僅仰賴美國協助。本次記者會初步發佈政策建議與報告書摘要，未來將擇期發表完整的中英文研究報告書，供政府部門、學界與民間社會參考。

台亞基金會也於本屆玉山論壇中發佈《台灣與台商形象在越南調查報告書》。該報告書針對越南的企業代表進行調查，調查結果顯示，在越南的十大外資國中，台灣形象與台商形象均排名第二，尤其是在注重信用、科技進步、國際化與具創新能力等面向深受肯定。但這份調查報告也提醒，台商在行銷宣傳、重視環保、員工福利、企業社會責任等議題上尚有更多努力的空間。

堅韌國家，持續前行

自 2016 年推動迄今的新南向政策，透過玉山論壇的逐年檢視，被國際友人視為是台灣深耕區域共同體發展的正確路向，誠如蔡英文總統在國慶演說時所提到，當世界看見台灣的美好與貢獻，台灣就不會孤獨。我們更要透過夥伴關係與暖實力的分享，讓國際社會瞭解，南向前行是堅韌台灣持續發展的目標。

楊昊 台灣亞洲交流基金會執行長 合著

04 對「新南向政策 2.0」的期待與建言

2020/5/18

日前，國際的《外交家》雜誌（The Diplomat）5月號針對蔡英文總統的第一任施政成果與連任成功做了專題報導。它對新南向政策表現的評論，定調為已經溫和成功（mildly successful）。不可否認地，蔡總統上任後堅定力推的新南向政策，相當成功地向國際社會與亞洲鄰國傳達了台灣看待世界的新觀點，和貢獻區域共同體的用心。且過去3年來，也已受到鄰近國家與理念相近國家的關注。

五二〇總統就職典禮即將到來，國內外各界都引領期待，蔡總統的連任談話將引領台灣走向什麼樣的未來？尤其過去5個月，受在中國爆發的武漢肺炎影響，疫情的全球擴散很有可能改變人類社會生活的各種既有模式。在面臨嚴峻挑戰的今日，蔡英文總統應可以再次藉由新南向政策，將台灣積極融入並提升區域共同體利益的國家立場凸顯出來，並宣示將進一步發展各種新型態夥伴關係。

正如蔡總統在過去玉山論壇所宣示的「台灣可以協助亞洲」（Taiwan can help Asia）和「亞洲可以協助台灣」（Asia can help Taiwan），近來更已藉由分享台灣防疫經驗也「正在協助中」（Taiwan is helping）。我們深信，新南向政策可持續扮演協助台灣亞洲區域共同體韌性發展之重要觸媒角色。我們更期待，在蔡

總統的第二任內，新南向政策可以有三個加強，累積 4 年來的既有制度與合作基礎，在「後疫情時代」進一步務實地勾勒出新的運作模式。

整體而言，「三個加強」就是新南向政策應延續第一階段成果並強化推進其中重要環節：

第一、是「加強已有鏈結」。在過去四年裡，行政院各部會透過五大旗艦計畫鏈結了東南亞、南亞國家、政府、企業與社會三部門利害關係鏈結網絡，未來的新南向政策，應繼續在現有基礎上加強鏈結，或者開創尚未擴展的合作對象。

第二、是「加深關係」。未來一定要持續透過國內的政府與民間的夥伴關係（public-private partnership, PPP）推動新南向政策，更要加深國家隊的整體能量與成員機構、跨部會協力的關係。舉例而言，過去 3 年辦理的玉山論壇，已呈現了政府與民間以及政府內各部會協作落實新南向政策的實作經驗和成績。如何促進跨部門與跨領域夥伴關係所呈現的國家隊能量，與跨國合作夥伴關係的打造和精進，應是下一階段新南向政策能否獲得豐碩成果的關鍵。

第三、則是「加速落實」。在蔡總統的第一任內，新南向政策還是有不少可以改善的空間，以及尚未完成的目標。在下一個 4 年，無論是政府部會或者是民間社會，都應該要採取創新的作為，加速落實新南向既定或修訂的藍圖、計畫與措施，以擴展台灣融入亞洲區域共同體的規模與管道，並加快驗收雙向的互利成果。

在過去幾個月來，台灣在政府與民間社會密切協力努力下，發展出「有感」防疫的難得經驗，已在國際社會中儼然造就了「台灣模式」的可貴。我們建議將包括「防疫」在內的「台灣模式」，更有形而深入地以新南向區域和國家，做為擴大實踐和精進的對象。

基於此，我們深深期許台灣的「新南向政策 2.0」可以更彰顯以下的新使命：

第一、是找尋台灣與東南亞、南亞等亞洲鄰近國家共同面臨的問題及挑戰，如武漢肺炎疫情所造成的公衛挑戰、後續可能面臨到的糧食安全與穩定、科技創新與產業發展新模式、為因應新治理議程所需的人才培育規劃等。這些都是可以透過共識凝聚，找到共有的問題及挑戰，並且以解決問題為導向（problem-solving approach），以發展共同的合作模式。

第二、是以強化政府跨部門的國際協力計劃和實踐的行政效能，猶如第一階段的新南向政策，在行政院執行層級聚焦在五大旗艦計畫的推動。在未來，除了凝聚資源，也應藉此凸顯台灣的特色與可能貢獻。

第三、我們認為應以更創新及多元的夥伴關係打造和促進台灣與新南向政策優先推動國家合作方的多元制度鏈結。

最後，我們更期待未來的新南向政策可以落實「合產」的理念，除了推動與新南向國家雙向互利合作，更能一起開創新的價值、落實成功共贏的願景。

整體而言，新南向政策歷經 4 年的累積，不該只被解釋成為了擺脫過度依賴中國的消極避凶策略，它應該是我們彰顯台灣價值、

提升台灣區域地位的具體戰略。換言之，殷切期待下一個4年的「新南向政策 2.0」能引領台灣趨吉地敲開穩健壯闊的國際化之門。

楊昊 台灣亞洲交流基金會執行長　合著

05 因應國際抵制孔子學院，擴展台灣研究的文化外交

2021/2/8

　　中國在 2004 年啟動「孔子學院全球擴張計劃」，迄今有數以千計的孔子學院與孔子課堂遍佈在全球各處。前者被設定與國際知名大學及高等教育機構合作，除了推廣中文教育（孔子學院稱為漢語推廣），也培養親中社群（孔子新漢學計畫獎學金）。後者則是進入中小學、幼兒園或者是與其他政府機關合作，提供中文課程以發展更彈性的關係網絡。

全球抵制孔子學院浪潮逐漸白熱化

　　無論是孔子學院或孔子課堂，已成為中國共產黨推動被認證和扭曲過的中華文化與中文教學課程，結合成千上萬由中國外送的「志願教師」，齊力為習近平上任後的「中國夢」發聲，成為北京推進全球大外宣的外交陣地。

　　雖然全球孔子學院與孔子課堂的數量，在 2004 年後的第一個十年裡快速增加，並且隨著不同國家與對象的多樣合作模式，進而發展出因地制宜的類型，成為中共全球宣傳的工具。但由於其過份肆無忌憚地扮演超過單純語言機構的行徑，在新一波處共、抗中浪潮的推波助瀾下，外界已開始嚴格檢視孔子學院與作為中共黨的代理人，輸出特定意識形態與侵蝕民主自由價值的銳實力

滲透的社會與政治成本。

同時，國際間更早已開始出現許多抨擊孔子學院箝制言論與思想自由的疑慮及批判，這使得歐美民主國家如加拿大、美國、法國、德國、瑞典與澳洲等，開始有不少大學陸續解除合作關係，並關閉孔子學院。尤其是美國，更一度傳出決定在 2020 年底前關閉所有的孔子學院。這讓中國想藉由推廣孔子學院來滿足自我感覺良好的大外宣工作，蒙上很大陰影。

孔子學院是中共統戰工具

過去近 10 年，我們實地追蹤研究孔子學院在全球的動向。它是以教授語言之名，形塑受教者對於中文的學習和對中國的認識是符合中共認可的意識型態，替中國說好話。語言或文化淪為幕後藏鏡人所主導的統戰工具（甚至是情報工具）。它的目的是建立符合北京期待的政治風向，諸如美化中共雖集權一黨獨大，但有效率與效能；或者是自我審查某些可能挑戰中共政權的事實和真相。很明顯，這是違背民主國家的校園學術自由和公民社會自由價值的。

有許多調查發現，孔子學院蓄意隱瞞天安門事件的歷史，故意扭曲台灣主權獨立於中國的事實；惡意醜化達賴喇嘛的人格，在在危及了學術教育的思想與言論自由。近期，對於孔子學院最嚴厲的批判與抵制出現在 2020 年 8 月，時任美國國務卿的龐佩歐明確指出，孔子學院是由中國政府所主導且有效控制的外國宣傳機構，它在美國的教室與校園裡遂行北京的全球宣傳計畫，並

施展其影響力。他強調，孔子學院與相關機構的成員必須要登記並恪守適用於外國使館的各種規範與限制。美國有必要確保美國學生在接觸中文教育與文化活動時免於受到中國共產黨與其代理人的操弄和洗腦。

「後孔子學院」時代

2021 年 1 月 16 日美國在台協會處長酈英傑（Brent Christensen）在「台美教育倡議：華語教學論壇」裡大力表示，在美國已有許多中國的孔子學院關閉，現在是時候讓台灣邁出步伐、補上缺口，透過華語教育，講述台灣故事。僑委會童振源委員長也針對華語文教育的全球推廣具體提出了三策略與六大支柱。著重以凸顯台灣特色的多元活潑、科技能量，促進以人為中心的深度交流與合作。美國在台協會副處長更明言，不只美國，歐洲、印度、澳洲也陸續關閉孔子學院。

我們樂見台美之間在語文教育領域有更充分的合作，一方面是因應美國與其他國家一樣都有對學習華語文的迫切需求，另一方面更要藉此難得時機，強化自 1990 年代出現而有別於漢學研究和中國研究的台灣研究全球深耕。首先，我們深深以為，學習華語的正途是要在自由開放的課堂環境中，用進步而有效的學習途徑為之。

讓台灣研究做為公眾外交的文化內容

其次，我們對於如何在此時此刻更大力去推動台灣研究有以下看法：

第一、強化與深化與現存的 16 個遍佈歐、美、亞共 10 國的台灣研究中心和北美、歐洲、日本三個區域性台灣研究學會的學術合作關係，除了該加倍經費之外，更要以建立長期結盟關係為目標。

第二、有必要凸顯台灣研究對於公共外交和文化外交的重要性。台灣研究是講述台灣的故事與分享發展經驗，例如，濟成長的路徑、社會進步多元價值、族群文化多元性和政治民主穩定進展、性別主流化、全民健保制度，以及對抗威權野心大國進行社會滲透的經驗。這些主題都可與理念相近國家以及發展中國家的知識分子和公民交流對話。

第三、我們不認為以過去曾設立過的台灣書院或台灣學堂等類似孔子學院的宣傳機制或務虛作為可以有效推展台灣研究，它絕不該淪為只是特定僑胞泡茶清談或看報聚餐的場所。

第四、在上述的 16 個台灣研究中心和 3 個跨國台灣研究學會當中也可具體地去建立頂尖中心，讓國際知名學者和各國博士後年輕學者都投入台灣研究，也可更具雄心地去舉辦現在每 3 年召開 1 次的台灣研究世界大會。

台灣研究也可以在下一個階段的新南向政策中推進，可以在東南亞各國和南亞的印度大力推動。立即形成跨（多）領域的台灣研究中心。我們認為未來也可以結合玉山論壇的網絡及能量於海外辦理具有公共和文化外交內涵的區域型台灣研究中心聯席會議。

　　最後，對旅美台裔學術圈近月來倡議的「李登輝基金會」，立意即是以此推動台灣研究的進一步國際化，我們也樂見其成。

楊昊 台灣亞洲交流基金會執行長 合著

06 新南向政策「五年總體檢」平議

2021/5/23

　　立法院外交國防委員會在 4 月中旬針對新南向政策「5 年來」的總體檢，邀請包括外交部、經濟部、教育部、農委會、衛福部、行政院經貿辦、交通部、國發會、僑委會、海洋委員會、退輔會等 11 個中央政府單位，分別就所配合的新南向相關政策提出正式報告和檢討，並由外交部田光中次長代理做整體報告。我們基本上贊成立法院此一總體檢的要求，也覺得是時候承先啟後，為下一階段的新南向政策提供來自最高民意機關的監督和諍言。

　　但坦白說，新南向政策的真正執行時間其實只有不到 4 年半。若再考量去（2020）年這一年因武漢肺炎疫情而嚴重影響政策相關工作推動的事實，所謂「5 年總體檢」恐怕不符實情。

　　而且，就我們知道，在中央部會中至少還有內政部、文化部、客委會、原民會這 4 個部會也在過去 5 年內致力於推動新南向有關的政策和計劃。所以我們可以說，與新南向政策有關的中央部會其實多達 15 個，可說是蔡政府總動員，說它是蔡英文總統的優先國家級政策，一點也不為過。

　　上述這 11 個部會應立法院要求，都提出書面報告。從這些書面報告大致可看出整體新南向政策過去 4 年不到的走向、重點和成果。立法院外交國防委員會如果可以針對相關報告內容與重點

進行檢視，再面對面質詢各部會，相信可以有更好的政策對話、提醒與檢討。

遺憾的是，國民黨的召委和委員因對各部會首長請假，只有副座到場而非常不滿，以致當天的總體檢討變成了國民黨指責民進黨政府各部會首長的場合；連帶的也對各部會的新南向政策個別成績鮮少聞問。多半以中國經貿依賴情勢，以偏概全地抨擊新南向政策成效不佳，甚至完全扭曲了對新南向政策的整體區域策略的目標和成果，誠為不幸。

這幾位立委對新南向政策有兩個很深的錯誤認知：

一是無視它是台灣的亞洲區域戰略目標，以及它促進台灣與亞洲各國加深互助的本質，而窄化它成為只是台灣與南亞和東南亞的經貿活動。

二是仍然將新南向政策矮化看成只是兩岸政策的替代工具，而未能就它的獨立策略思考和目的來評估政策成果。

這種誤解，說來可能也跟中央政府幾年來提供的政策說帖不夠周延清晰有關，究竟新南向政策是面對兩岸經貿的替代工具和分散風險的舊定位，或是台灣的亞洲交流互助策略新定位？以及有沒有明確提供具體的成果論述？這倒是值得政府檢討。

首先，新南向政策有五個旗艦計劃，「經貿合作」（經濟部、交通部）只是其中一個；其餘四個是「人才交流培育」（教育部、勞動部）、「資源共享」（衛福部、農委會）、「區域鏈結」（經貿辦、外交部和其他相關參與的很多部會）和「青年領袖交流和玉山論壇」（外交部和台亞基金會）為目標。

在送交的 11 份專題報告中，均有清楚的成果呈現與分析，儘管仍有可再精進之處，可惜立院國民黨委員完全不提四個不同旗艦計畫的內涵和良窳，卻只盯著「經貿合作」中的新南向與兩岸個別進出口順差貿易額的對比。而以後者竟然仍然高於前者此一「單一」數據，來抨擊新南向經貿關係還是遠遠落在兩岸經貿關係之後，片面指責新南向政策無成。這種狹隘而誤導的斷論，當然要由政府部會立即澄清。

其實這一年兩岸之所以順差拉大，社會普遍認知，與中國面臨美國提出的華為禁令，及其國內扶植半導體政策而拉抬對電子零組件的進口需求有關。但它是「操之在我」的「新順差」，而非「依賴中國市場」的「舊順差」。即便政府沒說清楚，立委也更須認真查明，實在遺憾。

立委要責問的應該是，「台積電和其他相關業者，在全世界都急著想向台灣買的情況下，為什麼要這麼慷慨地賣這麼多已具有戰略物資的晶片給不友好的中國」？至於台灣的東南亞順差不理想（出口成長 5.8％、進口成長 29.5％），那很可能是因為台灣業者正在新南向國家進行雙邊投資布局和建立產業鏈的正常現象。政府應公開說這是好事，立委更不應把它扭曲成為壞事。

很遺憾，出席官員沒有掌握機會，大力向立法院宣揚新南向政策的「全面和多樣化鏈結」的途徑，以及「以人為本」的策略關懷。卻捨全面攻勢之優，而屈就落入守勢之劣，這倒是值得政府主導新南向政策的單位也應反省的另一樁。

此外，部分立委說，新南向政策在行政院內的預算編列和計劃推動兩者協調缺乏整合。據指出，經費和推動由經貿辦主導，但管考卻由國發會統籌列管，這兩單位如何協調分工，不禁令人關心。

整體而言，不只朝野立委，外界專家學者也很好奇，涉及多到 15 個部會的新南向政策，內部的整合、協調和分工到底成效如何？會不會有的部會抱怨被盯太緊，有的部會反映做了事卻沒被重視呢？亦有委員提醒，台灣的 NGO 在新南向夥伴國的投入及努力應該要被凸顯，同時也提醒政府部門應該要有更多的協助。不可否認地，這的確也是民間社會對於政府鼓勵 NGO 投入國際發展與區域合作網絡的呼籲。

近年來，新南向政策被新南向政策夥伴國、理念相近國家以及更廣泛的國際政策社群，視為是台灣參與國際社會與區域發展的重要策略。或許來一次 15 個部會在行政院內部的嚴肅自我總檢討，並公開成績單，該是在立法院內被總體檢後，政府很值得馬上做的要事。

楊昊 台灣亞洲交流基金會執行長 合著

07 疫情中台灣 NGO 的亞洲援助義行

2021/7/11

　　武漢肺炎（COVID-19）肆虐全球，窮國富國無一倖免，堪稱世紀災難。源頭罪魁尚未被揭開，但嫌疑犯（國）已呼之欲出。台灣以超前部署，在上半場的防疫戰事中，守護全國人民 1 年又 4 個月，未淪為大災區，不但被稱是世界的福地，還發起口罩、防疫設備援助外交，支援全球 80 多國，一時傳為美談。

　　但自今年 5 月初進入戰事下半場，因飛行機師確診造成破口，接著雙北淪陷，出現社區感染。加上疫苗供應周轉不靈，台灣一時陷入「疫情和疫苗的恐慌」。總算經過 2 個月的「反登陸」抗疫，目前已幾乎完全控制疫情，疫苗施打率也已達一成一，三級警戒或許可如期稍作解封。

　　據專家指出，台灣後半場的實戰表現，就全球水準來看，仍是值得肯定，但應該嚴肅記取下半場的教訓。

　　自上半場迄今這段日子，台灣 NGO 也與台灣公部門政府一樣，實踐了「台灣能幫忙，台灣正在幫忙」的公民 NGO 外交。基於此，台灣亞洲交流基金會特別關切台灣主要的 NGO 在疫情爆發之後，是如何在亞洲進行他們的援助，如何繼續加深他們在新南向國家的義行足跡？

我們透過 23 個 NGO 的問卷調查資料，掌握了他們在疫情期間的因應行動輪廓；接著針對 12 個有特色的 NGO 進行個案分析，深入剖析其義行的不同類型。同時我們對國內 7 家大醫院組成的「醫療國家隊」在新南向國家進行的「一國一中心」醫療合作、資源共享實況，也做了問卷調查。

　　整體看來，23 個回答本會線上問卷調查的 NGO 有八成擁有跨足兩國以上的服務經驗：

　　在新南向夥伴國家中，柬埔寨、越南、尼泊爾和緬甸是台灣 NGO 表現國際愛心和義行最重要的四國。其他國家還包括泰國、印尼、菲律賓、印度等。

　　教育和醫療健康是最主要的援助項目，其次分別為人道救援以及弱勢族群就業和培力。

　　兒童為首要服務對象，其次依序為青少年、婦女和弱勢家庭。

　　這些台灣 NGO 都坦承，在疫情衝擊之下遭受相當大的困難和阻力，如邊界管制、交通停擺、學校關閉，就是明顯的服務阻礙。來自台灣 NGO 經費的支應也面臨當地政府更多的審查關卡。另一方面，因為疫情使得許多 NGO 的捐款減少，但援助方案的成本卻也因疫情而增加，這些都是台灣 NGO 履行跨國援助的新困境。

　　台灣的 NGO 一如台灣的民間企業，深知生存發展之道。愈是面對困境，愈能展現靈活的組織和活力，以降低成本，擴大效

益。我們發現這 23 個 NGO 在上述 14 個亞洲國家中，主要採取以下這 10 個行動，發揮來自台灣的愛心：

1. 提供防疫物資與衛教宣傳
2. 加強衛生設施與醫療系統
3. 發放民生物資與救濟金
4. 提供心理支持，促進民眾心理健康
5. 協助增加收入，重建生計
6. 啟動線上服務，提供遠距教學與醫療諮詢
7. 發展移動式服務，照顧偏鄉人民
8. 發送學習資源，改善學習條件
9. 提供急難救助，減輕多重災害
10. 分享台灣防疫經驗

如果將 23 個 NGO 和 7 家醫療院所針對武漢肺炎的援助投入加總，計算他們的服務能量，根據粗估，經費達到新台幣 1 億 5 千萬元，總受益人有 800 萬人。服務國度至少包括東南亞和南亞的 14 個國家。

接下來，我們依這些台灣 NGO 在下述 10 國的服務經驗，選出最具代表性或方案具特色的 NGO 進行個案分析，這包括：

越南：台灣兒童暨家庭扶助基金會、至善社會福利基金會

柬埔寨：知風草文教服務協會、德普文教協會、希望之芽協會

泰國：全球在地行動公益協會、伊甸社會福利基金會

緬甸：伊甸社會福利基金會

菲律賓：羅慧夫顧顏基金會、台灣兒童暨家庭扶助基金會

印尼：基督教芥菜種會、台灣世界展望會

印度：台灣世界展望會、基督教芥菜種會

孟加拉：台灣世界展望會

尼泊爾：台灣遠山呼喚國際貧童教育協會、華人磐石領袖協會

斯里蘭卡：台灣世界展望會

　　從上述表列可看到，台灣世界展望會和家扶基金會可算是服務能量較大的台灣 NGO；伊甸基金會和芥菜種會則是在緬甸、印度和印尼特別下功夫。

　　最後，我們透過這次 NGO 調查分析，再次肯定新南向政策中的一國一中心旗艦計畫，的確發揮了長遠而讓新南向國家人民有感的援助效益。

這七家醫院分別是：成大醫院、台大醫院、長庚醫院、新光醫院、花蓮慈濟醫院、彰化基督教醫院、榮總和陽明大學團隊（合稱榮陽團隊），分別在印度、印尼、馬來西亞、緬甸、菲律賓、泰國和越南與當地的醫衛機構合作。

　　由於疫情干擾，此一旗艦計畫的實體交流合作活動大多被迫暫緩，但各院與各國在地公私立醫院的「視訊交流」，包括遠距境外病患就醫諮詢和照顧、醫事人員線上受訓、研討會、醫衛產業鏈結和防疫交流等，卻都很順利地變通進行，相信可在今後發展出以台灣為中心的亞洲醫衛網絡和防疫體系。

　　各家醫院的國際醫療中心一直是我國推展國際醫衛合作與人道援助的主要服務提供者之一，在新南向政策的協助推動下，醫院的對外援助和服務能量也可以納入台灣 NGO 的對外援助網絡，我們發現它真是很有價值且值得珍惜的另一個 NGO 資產。

　　海外服務或國際發展工作呈現的是對人的關懷，這些台灣 NGO 的行動不僅深化台灣人與當地人的連結，也建立台灣與新南向國家的基礎。在疫情期間，即使各國封鎖邊境，他們仍能依

靠長久以來打造的網絡，讓服務跨越國境持續下去，展現「台灣
NGO 如何幫忙」的暖實力。

李心祺 台灣亞洲交流基金會前助理研究員　合著

08 關切疫災對亞洲青年工作的衝擊

2021/8/1

　　武漢肺炎變成全球疫災，迄今方興未艾。它不再只是一個公衛、健康、疾病的世界問題，它的衝擊更遍及生活、經濟、社會各層面。其中就業和工作秩序的大規模中斷和重組，恐是最值得關切的社會安全問題；其中尤以青年工作衝擊尤然。

　　有鑑於此，台灣亞洲交流基金會與德國艾德諾基金會（Konrad-Adenauer-Stiftung）日本分會，從 2020 年 7 月到 2021 年 4 月展開有關亞洲青年工作的衝擊和未來的政策研究，針對台灣、印尼、馬來西亞和越南四國，邀集當地的青年代表、政府官員、產業人士、智庫與學術界專家分別研商，以完成四份國情分析。

　　其實，在疫情爆發之前，這亞洲四國的青年失業狀況就已經是個令人擔憂的社會問題，依世界銀行 2019 年的數據，各國 15 至 24 歲的青年失業率，台灣為 8.7％、印尼 13.4％、馬來西亞 11.8％、越南 6.6％。這些數字都遠超過各國平均失業率。

　　以台灣為例，青年失業率約為整體失業率的 3 倍。各國的學官專家都指出，在疫情肆虐下，青年更輕易成為勞動市場下弱勢群體，這包括在職場的資淺者或是剛要進入職場的菜鳥。這些青年就業受害者卻又往往投訴無門，殷切期待各國政府及時的紓困和援助，否則疫災將製造另一種集體挫折和不安的社會災難。

各國的智庫專家也進一步分析，青年失業的主要肇因是教育和產業的人才供需失衡：

　　一是教育體系所供的知識無法因應當下產業發展；

　　二是產業發展的腳步無法趕上青年知識和科技的成長。

　　台灣的問題屬於前者，即學校跟不上產業；馬來西亞、印尼和越南這三國的癥結則是屬於後者，亦即產業跟不上學校。因此東南亞諸國應督促企業提升產業價值鏈，協助企業科技發展，逐步減少當下低成本、低薪、低附加價值的產業型態，以減少學校教育超前培養出來的年輕人找不到合適工作的困境；而台灣則必須克服產業超前教育的另一個結構問題。

　　各國專家也紛紛指出，疫情衝擊加速了工作型態的改變，如Uber 等零工經濟（gig economy）的興起或是派遣、臨時工等非正式就業（informal employment）的加速成長。但各國的相關法規、政策或社會安全制度卻都沒跟得上這股以青年為主力的工作新趨勢，導致許多這種青年勞工無法受到應有的社會保障。因此專家們都極力主張，在疫後社會安全網和社會保險制度都有必要建立。這種保障對藍、白領青年都一樣是重要的社會工程。

　　除了職場環境改變，職場生態也隨著疫情的影響和相關科技的已有發展，而產生變化。這對白領青年特別有關，譬如說未來的遠距辦公、異地辦公，將恐怕成為另一種常態，企業將如何因應這種可能的上班型態，而變更管理方式和員工互動關係？甚至考慮強化數位化的教育訓練，和更扁平化的組織管理制度。

　　數位化的普及程度的不一，是這四國最明顯的差異，也因此

導致不同的青年就業政策。印尼和越南都因都會和偏鄉在數位化基礎建設、資訊近用、科技素養、數位能力都有嚴重落差。萬一在疫後數位化產業一枝獨秀，偏鄉青年必然落後在這股潮流之後，而愈來愈處於弱勢和必然被邊緣化。

台灣和馬來西亞或許比較樂觀，因此，對這兩國來說，具備數位能力的青年世代將會成為疫後職場的人生勝利組。這四國的官員和專家也都一致認為，教育仍然是改變未來最重要的政策，要改善亞洲青年就業前景就必須從教育做起。他們更具體主張，要加強青年的「軟技能」（soft skills），如溝通技巧、人際協調、團隊合作等，而這些正是在網路氾濫下當下青年最欠缺的社會能力。此外，除了職場的硬軟能力外，四國的青年都必須學著批判思考，也唯有具備這種批判思考的青年才能因應未來的任何挑戰。

此外，我們可以從這亞洲四國青年工作前景的討論中，看出疫災對不同階級、區域、族群、行業的青年，其實也造成同中有異的衝擊。從社會公平正義的觀點，我們應對弱勢的青年特別關心。

上述這些政策建議也將是台灣新南向政策在疫後應該積極提出的新倡議。

吳沛嶸 台灣亞洲交流基金會前資深助理研究員 合著

09 以文化交流扎根新南向

2021/9/19

新南向政策自 2016 年推出以來，台灣便積極深耕與 18 個新南向國家之間的互惠協力，也成功拓展了藝文交流在內的多元領域。可惜，不少輿論仍僅聚焦過去 5 年的經貿表現，比較少看見新南向政策已逐步凝聚台灣與亞洲地區的共同體意識，以及文化交流在其中扮演的重要角色。

台亞基金會近來推動「文化藝術交流計畫」，呼籲新南向政策應進一步扎根文化交流，才能消弭不同文化之間的嫌隙，藉此深化亞洲文化圈的認同感。在疫後新局的此時，我們也認為不應只著眼於經濟復甦，更應把握時機，打造文化交流的韌性基礎，並發展制度化的交流機制。

搭建政府及民間對話橋梁

台亞基金會自 2018 年成立以來，便以活絡政府及民間溝通為宗旨，並積極搭建跨國與跨部會之對話橋梁。我們於 2020 年與外交部《台灣光華雜誌》及政大東南亞研究中心共同設計兩場「新南向文化沙龍」，選定大稻埕的思劇場與台東美術館作為軟性的對話空間，讓政府官員有機會說明政策制定的意涵，並邀請藝文機構及民間單位從自身經驗出發，提出新南向政策未來能夠持續努力開拓的面向。

這兩場系列座談分別聚焦東南亞新住民社群與南島藝文交流，不約而同地展現了台灣與東南亞地區，以及台灣與南島社群之間豐富的跨文化交流歷程。雖然台灣有不少民間單位已長期致力與東南亞的文化交流，如成大越南研究中心歷年所推動的台越文化學術交流。各單位之間卻少有機會進行橫向連結，更難以將第一線的交流經驗匯集成具體的政策建議，提供給政府作為施政參考。

　　為了創建更具制度性的對話平台，台亞基金會開始促成與湄公河文化中心（Mekong Cultural Hub）以及文化台灣基金會之間的雙邊合作，發掘新南向文化交流中具有發展潛能的議題，包括亞洲表演藝術及東南亞攝影史等面向。

　　台亞基金會也藉由國家文化藝術基金會的國際網絡，建立與越南國家文化藝術研究院（VICAS）的長期合作，推動台越藝文互訪計畫。此外，近日擴展南島文化交流的關懷，在國藝會的協助下，攜手印尼日惹雙年展基金會及越南國家文化藝術研究院，在高雄市立美術館舉辦「泛・南・島藝術祭」，展期間可強化國際串連夥伴，更可倡議南島文化交流對深化新南向政策的重要性。

疫情衝擊下的東南亞藝文生態

　　國際藝文交流自 2020 年開始遭受全球疫情的嚴重衝擊，台亞基金會旋即投入輿情蒐集與調查研究，並串聯湄公河文化中心與《台灣光華雜誌》進行「後疫情的東南亞藝文調查計畫」，涵

蓋柬埔寨、印尼、馬來西亞、寮國、緬甸、菲律賓、泰國、越南及台灣等9國。儘管國情狀況有所差異,不少藝文工作者都認為,盤點藝文資源分配、拓展公共參與空間、推動數位轉型,並發展新型態的藝文交流模式,才能在後疫情時代中形塑更能抵禦風險的藝文環境。台灣也應藉此構思可能協助的著力點。

該調查計畫不僅在《台灣光華雜誌》刊出專題報導,更在今年以國際論壇方式繼續討論。台亞基金會與湄公河文化中心再次合作,並攜手文化部、美國梅隆基金會(Andrew W. Mellon Foundation)、日本國際交流基金會亞洲中心(Asia Center, Japan Foundation)及亞洲藝術管理會議(Asia Arts Management)等重要夥伴,辦理「後疫情時代的亞洲藝術與社會行動」線上論壇,邀請台灣、菲律賓及印尼重要藝文工作者與學者進行跨國對談,展現亞洲藝文圈如何透過網路科技、藝術創作及青年運動凝聚團結能量,共同打造區域文化韌性的基礎。

深耕疫後合作之韌性基礎

東南亞和南亞各國歷經近兩年來的抗疫已逐漸體認到,適應「疫後新常態」將是未來的挑戰。換言之,在展望疫後藝文發展的同時,我們更必須思考如何調整既有的交流機制,打造更具堅韌的合作願景。

首先,盤點藝文資源並積極布局,將是當務之急。為了掌握疫後國際交流的具體挑戰、需求及利基,文化部應帶頭盤點藝文資源的分配現況,以及既存的交流機制(如東南亞事務諮詢委員

會），以便在國際交流恢復時，讓台灣以更積極態度進行國際藝文政策的布局，並提出更有效的政策工具協助拓展新南向文化交流。

第二，推動亞洲藝文交流倡議平台，活絡政府與民間的雙向對話。早在新南向政策推出之前，個別民間單位已累積一些交流經驗，可惜未有效轉化成具體的政策建議。台亞基金會有意推動彼此的橫向連結，凝聚民間集體經驗與形成共同政策建言。

第三，拓展新南向藝文研究與長期考察，也是不可或缺的重要工作。對新南向國家的研究調查中，藝術與文化一直是薄弱的一環，長久而言將不利於深耕雙邊與多邊的多元交流。未來若能有更多研究者及研究機構投入新南向藝文研究與長期考察，將能協助有志人士及組織更迅速地銜接當地重點藝文潮流、機構與工作者，順利促成台灣與對方國的長期合作。

台亞基金會不僅將繼續耕耘既有的藝文交流網絡，並開拓新的合作夥伴；亦將全力支持政府與民間對話，積極倡議藝文政策，以及推廣藝文研究成果。透過公私部門的合作協力，台亞基金會期盼在後疫情年代中協助建立新南向文化交流的堅韌實力，並藉此深化亞洲藝文共榮體的堅實基礎。

楊　昊 台灣亞洲交流基金會執行長
陳定良 台灣亞洲交流基金會前助理研究員 合著

10 在東南亞的台灣與台商形象

2021/10/24

自 1980 年起,台商投資東南亞至今已逾 40 年,也將台灣的區域關係從外交、僑務帶入另一層次。

為填補長期的資料和瞭解空缺,並配合新南向政策,為台灣與台商形象塑造與轉型提供參考基礎與未來推升政策之需,台灣亞洲交流基金會(台亞基金會)自 2019 年開始,在台灣與台商的主要投資國訪問該國企業主管,先後以一年一國完成越南(2019 年)、印尼(2020 年)、泰國(2021 年)的「台灣與台商形象調查」。

首先,調查探詢越南、印尼、泰國受訪的企業主管最常接觸與台灣／台商相關的資訊來源。在越南分別是「台商在越南的商業活動報導」(75%)、「台灣國內商業活動的報導」(58%)、「觀光旅遊資訊」(12%)。在印尼是「觀光旅遊與風俗民情」(39%)、「科技研發成發」(33%)、「台商在印尼的商業活動報導」(27%)。在泰國則是「創新設計與發明」(62%)、「台商在泰國的商業活動報導」(60%)、「藝術文化活動」(56%)。可見各國受訪者確實相當重視台商在當地的商業活動消息。

在三年調查中,受訪者認為台灣表現最傑出的前三個領域分別是經濟貿易(越:68%;印:62%;泰:64%),科學／科技(越:60%;印:43%;泰:93%),觀光旅遊(越:35%;印:43%;泰:86%)。

在台灣／台商形象方面，調查首先請受訪者填選台灣／台商表現傑出的領域，接著請受訪者利用五分量表的形容詞詞組（亦即語意差別法）（例如，科技進步〈5分〉vs. 科技落後〈1分〉）來評價台灣／台商形象。

　　有關台灣的整體形象，在越南調查計畫中，受訪者認為台灣最鮮明的形象是「友善」（4.5）、「科技進步」（4.5）、「自由民主」（4.3）、「富裕」（4.2）、「開放」（4.0）。在印尼為「科技進步」（4.6）、「開放」（4.6）、「醫療衛生進步」（4.4）、「尊重多元文化」（4.4）、「積極參與國際社會」（4.3）、「富裕」（4.2）、「友善」（4.3）和「自由民主」（4.2）。在泰國則是「尊重法治」（4.0）、「友善的」（4.0）「科技進步」（4.0）、「富裕」（3.9）、「醫療衛生進步」（3.9）、「尊重多元文化」（3.8）、「開放」（3.7）和「自由民主」（3.7）。

　　從資料可發現，友善、富裕、醫療衛生進步、科技進步是台灣在東南亞三國最具標誌性的形象。其中，醫療進步更是在疫情發生後，特別被印尼、泰國所重視。台灣的自由民主和開放也屢屢被看重，在越南尤然。

　　論及台商對於當地的經濟發展主要貢獻，越南受訪者認為是「創造就業機會」（81％）、「提供投資基金」（54％）、「引進創新技術」（38％）。印尼受訪者認為是「創造就業機會」（68％）、「引進創新技術」（60％）、「協助產業轉型」（43％）。泰國受訪者則認為「創造就業機會」（83％）、「協助產業轉型」（65％）、「提供投資資金」（64％）。由此可發現，三國企業

受訪者相當肯定台商對當地經濟發展的貢獻；尤其是創造就業機會，引進創新技術和協助產業轉型。

對於台商在東南亞的整體形象，在越南調查中，受訪者最肯定台商的形象是「注重信用」（4.6）、「遵守法規」（4.4）、「國際化」（4.3）。在印尼是「創新」（4.6）、「國際化」（4.5）、「遵守法規」（4.5）。在泰國則是「遵守法規」（3.9）、「創新」（3.9）、「注重信用」（3.9）。

從上述的資料可發現，台商在「注重信用」和「遵守法規」的形象最受肯定，其次是「創新」和「國際化」。但是很值得注意的是，在三次調查中，台商在「善待勞工」的項目上，受訪者都給予最低的評價 （越：3.6 ／印尼：4.2 ／泰：3.7）；另外在重視環境、回饋當地社會、履行企業社會責任，也都被認為表現還不夠好。

綜合三年調查的成果，可清楚發現，台灣形象在東南亞三國的優勢是「友善」、「醫療衛生進步」和「科技進步」。而且受訪業者也認同台灣的「經濟貿易」、「科學／科技」、「觀光旅遊」的傑出實力。台商形象的強項則是「注重信用」和「遵守法規」兩大項。受訪者也相當肯定台商為當地創造了就業機會、引進創新技術和協助產業轉型；但是在履行企業社會責任的環保和勞工兩項仍是較受批評。

在政府積極推動新南向之際，一再強調，台商在南亞與東南亞各國所扮演的第一線經濟要角。的確沒錯，台商做到了對當地就業、投資、技術的貢獻，也為台灣在當地塑造信用、守法、創

新的形象，值得欣慰。但是台商有待努力的是在社會角色的提升，企業公民責任的落實（環保、勞工兩大領域）。這點各國台商協會不妨多自我期許、自我約束。僑委會更宜訂定鼓勵措施，幫助和督促台商在企業公民責任的實踐，一則提高台商在各國的地位，二則提升台灣在新南向國家的整體形象。

此外，外交部也應與文化部、教育部攜手更大力推動公眾外交（public diplomacy），在文化交流、民主交流、推動台灣研究和漢（華）語教學上，努力進一步深根東南亞和南亞。

徐遵慈 台灣亞洲交流基金會兼任資深研究員
楊　昊 台灣亞洲交流基金會執行長
童成家 台灣亞洲交流基金會前助理研究員　　合著

11　期待 2023 世界客家博覽會

過去幾年來，台灣流行舉辦「博覽會」（Expo），但規模大小有很大的不同，甚至是否符合博覽會定義，都是問題。或許是經費或籌備時間有限，譬如說，基隆和台北城市博覽會規模只限於一個城市展，可說是相當「迷你」，而且本質是市政發展成果發表展覽。高雄的台灣文化博覽會則是只見「策展創意」和「象徵符號」，台灣文化的「實質內容」不足。至於另一個 2022「亞太永續行動博覽會」則更只是一個為期三天的「活動展覽」，似不符合博覽會的標準。

所謂博覽會，必須是規模宏大、為期長，而且理想中應是具跨國性質的世界層級展覽會。前述四個「博覽會」坦白說來未必符合上述的條件。更別說過去常看到了所謂「留學博覽會」和「企業求才博覽會」，都只是浮濫地使用「博覽會」這個名詞。

但有一個博覽會倒是符合上述的條件，那就是「2023 世界客家博覽會」。這也是全世界第一次以「族群文化」作為世界博覽會的內容和主題，更是首遭以「客家族群」當成世界博覽會的主角。其視野則是全球的，在「台灣客家館」之外，還有一個「世界客家館」。展期是 2023 年 8 月 11 日到 10 月 15 日，展點在桃園高鐵站旁的腹地。

號稱世界客家博覽會，理應要有世界其他國家的客家來「參展」，但受限於 COVID-19 疫情，和為了要凸顯台灣看世界客家的新視野，所以外國客家社團、組織將不會來「參展」，但會「借展」給世界館的策展團隊，以豐富該館的策展內容和文物。

　　跟時下盛行的策展公司和策展專家一樣，世界客家館得標公司對策展對象－「世界客家」，原本並未周延看待真實具像的「世界客家經驗和社會文化展現」，而是想用策展手法把它「抽象化」和「虛擬化」。幸好，經過由我召集的世界館諮詢四人工作小組近半年 9 次諮詢會議的提醒和修正，終於在策展內容上漸上正軌，這也辛苦了參與策展工作的四位人文社會學者。但在能否充分呈現世界客家經驗的「在地與多元」精彩特色上，仍有待再努力。

　　由於台灣客家館的策展標案尚未定案，我無法得知將來得標的策展團隊能否兼顧「真實客家文化內容」和「抽象策展手法」？而能精彩策展和彰顯出「扎根與共榮」的台灣 13 個縣市客家族群文化發展特色。該團隊又是否能邀聘熟悉台灣客家社會文化經驗的學者積極參與？更值得關注。

　　換言之，2023 世界客家博覽會要以「台灣館」和「世界館」凸顯台灣和世界客家分別具有「扎根與共榮」和「在地與多元」的多彩多姿面貌。更希望經由上述兩館所凸顯的客家特色展現出「天光日个客家」（明日的客家）此一具有未來觀的大會主題。

　　在我看來，這兩館的策展應該將「在地」和「扎根」當成從過去到現在的大過程，更將「多元」和「共榮」視為從現在到未來的大願景。訴說「在地」和「扎根」的故事，一定要好聽和動人；

勾勒「多元」和「共榮」的理想，則務必要真誠和有信心。

天光日个客家是以多元和共榮來勾勒，意思是，在全世界的客家（包括台灣）有在地扎根的獨特經驗，外則具多元的全貌，因此各國客家族群已與在地國其他族群共榮。在這種多元和共榮的社會／族群地景下，全球客家或許有搶救母語的努力（如台灣），但不能一廂情願以為會有全球客語的復興，也不宜假設各地客家人會掀起重新強化客家文化習俗的風潮。但是在多元（並存）共榮（欣賞）的處境下，各地客家的集體意識和認同則有可能不降反升；亦即「我也是客家人！」將成為一種新常態。

上述這種內部進退上下不一致的全球客家認同趨勢，也將呈現一種另類的「客家新族群性」。在東南亞如此、在大洋洲如此、在加勒比海也是如此，在台灣也將是如此。

因為我是此一世界客家博覽會兩館策展團隊的諮詢小組召集人，同時也是世界館策展團隊的個別諮詢工作小組召集人，所以我對此一博覽會有多些瞭解，當然也有更多的期許。但我們畢竟只是「策展的專業諮詢」而已，而非推動的行政諮詢。真正負責推動的是由客委會主委和桃園市長帶頭的推動委員會和它下設由市府祕書長召集的專案辦公室，以及桃園各局處總動員分別負責的 6 個工作群。

博覽會的策展精彩與否，兩館團隊的能耐與品質是關鍵，諮詢小組當盡言責，但無法取代。兩個多月的博覽會和桃園市已有的幾個客家相關副館能否順利開張展出，又讓觀展者收穫滿滿？則要看屆時桃園市政府團隊的行政能力和協調功夫，諮詢小組也無法代勞代責。

據我了解，在博覽會期間，將同時舉辦「世界客家學術大會」（World Congress of Hakka Studies），客委會也將召開「全球客家文化會議」（Global Hakka Culture Conference）。看來，2023年 8 月到 10 月，台灣的天空會很客家。基於此，如能盡早行銷和宣傳世界客家博覽會和相關盛會，也是另一件要緊的事。

　　2023 世界客家博覽會在台灣舉辦不只是台灣客家界的大事，也是全世界客家界的美事，它更是台灣逐步走上「族群多元、國家一體」應許境界的見證。

12 2022 玉山論壇：台灣新南向與印太架構的再定位

2022/10/23

　　2022 年玉山論壇在日 10 月 7 日召開，值此疫情日見解除之際，以「振興、再定位與重啟連結」為主題，很是恰當。近三年全球受武漢肺炎肆虐，代價不計其數，在後疫情時代，個人、社會、經濟、國家和全球都得面對振興的挑戰，嚴肅定位自己，並好好思考是要跟誰重新連結。

　　今年的論壇有來自澳、紐、菲等等 14 國的 31 位政要與專家參與，逐漸恢復到疫情前的盛況。在會中，台灣亞洲交流基金會也公布四份重要的新南向政策報告書。

　　蔡英文總統受邀在開幕致詞，揭露今年第一季台灣上市的企業新南向投資收益，首次超越對中國投資收益，可見新南向的經貿旗艦計畫目的已達成。她更從宏觀戰略思考，強調台灣和新南向政策是印太新架構中不可或缺的夥伴和戰略連結。她認為，這麼多國際政治友人與會玉山論壇，本身就象徵了對台灣的強力支持。她也具體地提出，台灣將把握機會，整合台灣有利的數位科技到新南向政策中，推動「數位新南向」，讓台灣在印太區域中扮演更關鍵、更帶領的角色。這也是台灣在疫後復興、定位和連結大工程的自許角色。

紐西蘭前副總理直言，台灣會讓世界變得更美好。澳洲前外長呼籲更多國家要向澳洲一樣，做出對的選擇與台灣建構夥伴關係。泰國前副總理也呼應賴清德副總統，對台海穩定與和平，已準備好以開放和對等的立場來面對。

　　印尼國會議員則批判中國對南海主權的蠻橫行徑，更不該動輒以「自古以來」說詞，宣稱他國的領土（海）為其「不可分割的領域」。上述這些論述也都直接證明台灣新南向政策的正確方向，亦即尊重多元的價值、軟實力和暖實力的途徑，以及以人民為中心的目標。

　　5位與新南向政策有直接關係的次長（經濟、內政、教育，衛服、農業五個部會）在外交部次長主持的第一場的討論中，分別精彩地現身說法，訴說四個政府新南向旗艦計畫成果，和兩年多來成功的防疫經驗，對在場的外國與會者應該是很受用。

　　第二場討論聚焦於「從民間出發，連結出亞洲協力新生態」的主題，以新南向政策民間夥伴關係來勾勒出疫後連結的具體藍圖。在議程設計上則以台亞基金會五個核心行動計畫所累積的夥伴關係，來呈現出新南向在疫後振興工作的整合系統。

　　在此一場次分為兩個部分，其一是發布台亞基金會的台澳關係工作小組歷經一年多完成的《台澳關係政策報告書》（Taiwan and Australia: Advancing the Partnership of Four Decades），這是繼兩份《台灣—印度關係報告書》之後，與《台灣—東南亞關係報告書》同時發布的新南向智庫研究成果。第二部分則是邀請美國自由之家（強調智庫夥伴）、德國艾德諾基金會（合作倡議對

疫後年輕人工作的保障）、全球半導體協會（凸顯台灣在供應鏈韌性合作的能量）、以及馬來西亞影視文化產業代表（重視台灣的對外文化交流）齊聚玉山論壇，以具體事蹟促進和落實疫後振興榮景。

第三場以「亞洲前瞻圓桌對話」為題，對論壇三大主題邀請賴副總統主講，紐、泰兩位前副總理回應。另外又再由 6 位來自菲律賓、台灣、印度、印尼、盧森堡的重量級人物在會中分別發表高見。

我是該場圓桌論壇的主持人，在論壇結束時，我綜合上述 9 位貴賓的意見，提出他們對疫後亞洲振興、再定位和重啟連結的重要任務的實踐中，都不約而同地強調要確保下述七個品質：

1. 人民健康的品質；

2. 供應鏈和經濟的品質；

3. 工作和就業的品質；

4. 以規範為基礎的民主品質；

5. 新數位秩序的品質；

6. 台灣與新南向夥伴國家進一步關係的品質；

7. 世界秩序的新品質並在此新秩序中，台灣能有正常化的地位。

我認為這七項品質的保障，正是亞洲各國今天和未來必須自我要求和自我期許的七個目標。它更是評估台灣新南向政策的下一步的七項指標。

　　整體來說，今年的玉山論壇不僅彰顯出政府部會總動員推動新南向政策未曾懈怠，更展現出新南向政策已成為台灣切合國際印太戰略趨勢，與推進形塑中的區域架構的重要實踐。特別是蔡總統今年強調，新南向政策是台灣印太戰略的軸心論述，更是她在 2017 年玉山論壇宣示新南向政策是台灣的亞洲戰略之後，更清楚且明確的主張。可預見的是，台灣新南向的再定位與重啟連結，必能積極貢獻區域疫後的復甦與振興。

楊昊 台灣亞洲交流基金會執行長　合著

推薦序

自由民主體制下，
台灣人將更加團結展現韌性

　　拜讀本書，回想起 1989 年《自立晚報》邀請蕭新煌老師執筆本土系列「台灣社會力」，如此多年的一以貫之，蕭老師的確是極具時代意義的典型公共知識分子。以下分享並回應蕭老師在《檢視公共知識分子》本書的幾段精彩內容：

　　關於「台灣的國際戰略」。蕭老師很高瞻遠矚的主張，台灣一定要先有全球和平的視野與區域民主的策略，把對中國的關係放在「國際一區域」架構去布局。在我看來，我們看待兩岸的關係不能再用傳統思維，甚至可以說，這已經突破了國共內戰的舊有框架，也不再是所謂的美中共管這樣的格局。

　　正如同我們讀國際政治時都會談到的「扇形戰略」。如今，各國已陸續針對中國採取了像扇子打開一樣，以第一島鏈來做布局的國際戰略；如果加上安倍晉三提出的印太戰略，將會有不同的視野；而韓國總統尹錫悅也在強化韓美同盟趨勢，甚至國際間認為美日韓的同盟對抗俄中朝（北韓），已是無法避免的時代趨勢；至於日本與英國，繼百年前的同盟關係，如今又回到了準同盟關係；最近的外電報導甚至談到北約的防衛學院校長里提曼中將三月間來過台灣…。

　　台灣從來沒有像此刻般受到世界高度關注。正如同蕭老師所

說，不論是關心台海安全也好、為了區域的安定也罷，越受到世人的關注，台灣便可以進一步獲得安全、保障，對台灣而言，都是明顯的助益。

我非常同意蕭老師在文章裡面談到，對崇尚自由民主的全球主要思維來說，中國與台灣的戰端早已脫離了 70 年前的內戰格局，因為內戰的思維是延續剛剛我談到的所謂的中共內戰的一個框架而來。

2018 年，習近平主導修憲延長其國家主席任期，這是一個非常大的改變，這個動作讓傳統主張跟中國交往，民主可以改變中國的歐美人士大夢初醒。歷經 30 年之後回頭看，才發現原來共產黨不但沒有民主化，甚至變本加厲；習近平走回跟毛澤東時代一樣的專權。尤其，俄羅斯入侵烏克蘭更引發舉世關切，台海問題、台灣問題絕非國共內戰，而是牽一髮動全身的區域安全問題。

多年前我曾參與每日新聞在東京的座談，充分感受到國際上正在形成「台灣模式」。例如，台灣的護照享有全球 171 個國家與地區免簽待遇，反顧中華人民共和國雖有 182 個邦交國，但卻只享有 71 國免簽證，這無疑是國際法上某種程度的承認判斷。只要我們堅持自由民主的體制，堅持老師書中提到的幾個底線，我們可以更展現韌性，以台灣模式建立國際關係，我們依然可以在地球上活得比以往好。

中央通訊社社長　張瑞昌

推薦序

在學習與批判中，
理解公共知識分子

　　柏克萊大學社會學家 Michael Burawoy 曾區分四種社會學：
專業社會學、批判社會學、政策社會學、公共社會學。蕭新煌教
授是極少數在四種社會學都有卓越貢獻的學者。

　　首先，蕭教授對台灣「專業社會學」的發展影響至深。他在
發展社會學、環境社會學、社會運動、中產階級、公民社會、非
營利組織與第三部門、客家研究、東南亞研究、台商研究等領域
都有開創性的貢獻，其中許多專書及論文至今都是社會學的必讀
之作。他曾擔任台灣社會學會理事長、中研院社會所所長等重要
職務，都印證了他在專業社會學上的成就，並把台灣的社會學研
究帶往國際。

　　其次，蕭教授的許多著作也都具有批判社會學的特徵。他特
別關注台灣社會的不平等、社會正義、族群正義，並試圖揭露背
後的權力結構。他曾指出台灣社會學在「本土化與自由化」的過
程中曾經歷三次轉向，其中第二次轉向就是「批判轉向」（critical
turn），大致可對應前述的批判社會學。蕭教授本身的著作也是
其中的一環。

　　第三，蕭教授的著作中也有大量的政策倡議與政策意涵。他
歷來擔任政府多個重要職位，包括多年的國策顧問，以及目前的

總統府資政，對台灣的民主深化和各種進步社會政策的推動有重要貢獻。

最後，蕭教授的許多著作也可歸類為「公共社會學」。他多年來始終關心如何運用社會學的知識與公眾對話、進行公共參與，藉此實現「社會學的想像」與「社會學的啟蒙」。這本新書，以及他過去的幾本時論集，乃至他退休後擔任「台灣亞洲交流基金會」的董事長等，都可視為「公共社會學」實踐的一環。

葛蘭西百年前曾說，人人都可成為有機知識分子。在社群媒體與自媒體極度發達的今天，卻幾乎人人搶著當公共知識分子，未深思熟慮便夸夸其談，甚至讓「公知」淪為挖苦或諷刺的用語。事實上，公共知識分子是非常複雜與困難的角色。首先，不能對事物提出速成與浮泛的見解，而是必須以紮實的知識為基礎，反芻再三後發言。其次，不能隨波逐流，而是要有核心的思想與立場，並一以貫之。最後，又不能孤芳自賞、以為眾人皆醉我獨醒，而脫離社會的脈動。正因為這三者缺一不可，公共知識分子就像走在鋼索上，稍有不慎就可能直落而下。

蕭教授這本新書恰恰是走在鋼索上的示範，能夠讓我們在學習與批判的過程中，更加理解公共知識分子的角色和責任。

中山大學社會學系教授兼主任　萬毓澤

檢驗公共知識分子
蕭新煌教授時論集：政局・兩岸・新南向

作　　者：蕭新煌
封面設計：盧穎作
美術設計：洪祥閔
社　　長：洪美華
編　　輯：何　喬
出　　版：幸福綠光股份有限公司
地　　址：台北市杭州南路一段 63 號 9 樓之 1
電　　話：(02)23925338
傳　　真：(02)23925380
網　　址：www.thirdnature.com.tw
E-mail：reader@thirdnature.com.tw
印　　製：中原造像股份有限公司
初　　版：2023 年 5 月
初版三刷：2023 年 12 月
郵撥帳號：50130123 幸福綠光股份有限公司
定　　價：新台幣 370 元（平裝）

本書如有缺頁、破損、倒裝，請寄回更換。
ISBN　978-626-7254-17-2

總經銷：聯合發行股份有限公司
新北市新店區寶橋路 235 巷 6 弄 6 號 2 樓
電話：(02)29178022 傳真：(02)29156275

國家圖書館出版品預行編目資料

檢驗公共知識分子：蕭新煌
教授時論集：政局・兩岸・
新南向／蕭新煌著 -- 初版 . --
臺北市：幸福綠光，2023.05
面；　公分

ISBN 978-626-7254-17-2
（平裝）

1. 臺灣政治 2. 時事評論
3. 言論集

574.33　　　　112005242